文沢 隆一

日本語の空間 上

―日本人はどこから来たのか?―

溪水社

日本語の空間(上)　目次

日本語の空間(上)——日本人はどこから来たのか?——

序章　わたしの日本語

自分の使っている日本語について、特に意識することはなかった。標準語で読み書きし、それはまた全国に通用する言語でもあった。ところがたまたま、司馬遼太郎とドナルド・キーンが雑談しているとき、キーン氏が、

「おとうさん、おかあさんという言葉は、いつから使われるようになったのですか」

と尋ねているのにたいして、司馬遼太郎氏が、

「明治の初めころではないですか」

と答えているのを聞いて、わたしは思わずアッとおどろいた。〈おとうさん・おかあさん〉というもっともポピュラーな用語が、明治時代から使われるようになったとは思ってもみなかった。そうしてみると、いまわたしが使っている日本語は、日本のむかしからの言葉ではないのだろうかという妙な錯覚さえおぼえた。

ところで、〈おとうさん・おかあさん〉という呼称は、明治以前はなんだったのだろうか。地方

によって多少のばらつきはあるが、〈おっとう・おっかあ〉または〈おとつぁん・おっかさん〉といい、少し上流階級になると〈おとと・おかか〉または〈おととさま・おかかさま〉と言う。もっとも、これは話し言葉で、書き言葉は〈父・母〉もしくは〈父上・母上〉ということになる。当時、話し言葉と書き言葉が違っていることは普通のことだった。ところが、明治三七年、国定教科書法が制定され、『国語（このとき造られた新漢語）』という教科書ができ、全国共通の標準語に統一された。そして話し言葉も書き言葉も〈おとうさん・おかあさん〉または〈お父さん・お母さん〉というふうに定型化して今日に及んでいるということである。国定教科書で育ったわたしは、むろんそうした事情を知るはずもなかった。それにしても、あまりにも一般的な用語まで、造語しなければならないほど、日本語は貧弱だったのだろうか。

じつは日本語が貧弱だったのではなく、明治初期、日本はかってない文化の一大潮流にみまわれるという変動期にあったということである。江戸末期から明治にかけて、西洋諸国との交流がはじまり、異質の文化がはいってきて、精神的にも物質的にも、圧倒的な西洋文明の質量のちがいによって、文明開化が促進されつつあった。その開化のスピードは、言語体系のちがう国としては、かつてみられないほどの急速な同化吸収力であったといわれている。その原動力となったのが、漢字による見事な造語（新漢語という）というわけである。

たとえば、コンスティテューションという国の基本的な法律を〈憲法〉という二語で表現することによって、どれだけ簡明に日本語化したかはかり知れない。こうした例は枚挙にいとまないほど、わたしたちの生活習慣にとけこみ、古来からの日本語（和語）と区別しがたくなっている。おおよそ五〇パーセントは、漢字と新漢語によって日本語は構成されているのではないかといわれている。ということは、本来の日本のことば（和語）は半分に過ぎないことになる。わたし自身、どれが外来語か、どれが和語か分からなくなっている。たとえば、ひとつ・ふたつ・みっつ……は和語で、一・二・三……は新漢語ということも、いままで意識したことはなかった。おそらく、こうした混同はあたりまえのこととして、今日、日常用語として使われているのだろう。もっとも、日本語にかぎらず英語の場合、八〇パーセントが外来語ということだから、それだけ国際化がすすんでいるということになるのかもしれない。

それはともかく、ではなぜ、漢語が西洋文明を吸収同化するのに有効であったのだろうか。ひとつの理由は、欧米のアルファベットによる単語が、表音文字（学術語では音素文字）であるのにたいして、漢字による漢語は、文字によって意味を読みとることのできる表意文字（学術語では表語文字）だからである。たとえば、デモクラシィという言葉を、〈民本主義〉または〈民主主義〉という新漢語で表現することによって、デモクラシィの主要な意味をつたえることができる。また、〈哲学〉という語はphilosophiaというギリシャ語の訳だが、西周《にしあまね》が〈賢哲の希求〉という本来の意味から命名したといわれている。今日では、万物の根本原理を追求する学問というジャンルをさし示すにふさわしい造語となっている。また、開化した西洋文明で、これまでの日本にはない学問で、もっとも強力な影響をあたえたscienceという語に、科学という新漢語をあてたのは誰だったのだろうか。命名者は知らないが、この造語も言語の的確な表現になっていると思われる。科学の科は、『字源』によると、禾《か》は穀物をあらわし、斗《と》は桝《ます》を意味している。その組み合わせによって、「穀物を測る、つまり客観的基準によって物事を判断する学問」という、ほぼサイエンスの真意をふまえた造語となっている。

こうした造語をつくった明治期の知識人は、すべて漢文の素養があり、ヨーロッパ語を漢語に翻訳することにさほど不自由はしなかったようである。それにしも、和語にも漢語にもない、新しい外国語の語意を理解し、新漢語をつくりだした高度の知識は、当時の日本の学問的水準が、すでに世界的なレベルにまでたっしていたことを示唆するといっていいのではないだろうか。たとえば、電気・汽車・電池・病院・健康・建築・広告・哲学・改良・経験・必要……など、わたしたちが日常使っていることばのかずかずを、わずか百年まえに明治の人たちがつくりだしたとは信じられない。もっとも、こうした新漢語がたちまち造られたというわけではない。さまざまな試行錯誤と改廃をへて、今日使われているようなことばとなったことも知らなければならない。たとえば、和語で訳そうとした人(清水卯三郎)もあったようで、〈酸素〉を〈すいね〉、〈水素〉を〈みづね〉と訳したが、定着しなかったということである(『日本語の変遷』山口明穂)。

いまひとつ、西洋文明を受け入れるのに適した語法が日本語にはあった。それは表音文字のアルファベットにちかいカタカナの併用である。国名、人名、もしくは固有名詞は、当初は漢字の音を用いて文字化していたが、やがてカタカナ表現へとうつっていった。たとえば、United States of America の訳は、最初は漢字で亜米利加合衆国と表記していたが、やがてアメリカというカタカナとなり、さらに「米国」という日本独自の簡略化がマスコミでは一般的になった。外国語のカタカナ表記は、そのほうが原語の発音にちかく、理解しやすいという利点がある。ただ、一語一音は字数が多くなって煩雑ということもあって、日本語独特の省略法を用いるようになった。そのために、日本人にも外国人にも理解できないような新語が多数作られるようになった。その功罪はともかく、表音文字による国名のいくつかを紹介してみよう。

French Republic は仏蘭西共和国からフランスとなり、さらに「仏国」となった。イギリスの場合は、やや表記が変化している。正式国名は United Kingdom of Great Britain and Northern Ireland だが、日本語では英吉利からイギリスとなり、簡略化して「英国」となっている。これは江戸時代に、最初に表記されたのがポルトガル語の Ingrez から転記されたからだということである。だが、Englishという英語を話す国という意味からすれば適切な表現といえるだろう。同様に、ドイツも Duitch というオランダ語からの転記で、正式には Deutschland であり、漢字では「独逸」または「独乙」と表記されている。こうした例は、日本を英語で Japan というのも、マルコ・ポーロの『東方見聞録』によって世界に知られたという歴史的な事情と似たような経過をたどったからであろう。

ともあれ、明治の初期には、翻訳困難な外国語はすべて漢字の音をふりあてるという細工を考案して日本語化している。こうした手法を、国語学では〈仮借《かしゃ》〉というが、これはかつて、八世紀のはじめから一〇世紀にかけて日本語の表記法が確立したときから使われている語法で、それまで言語の表記がなかったヤマト言葉に、音・訓によって言語化するという画期的な文化現象であった。明治期の造語はそれに匹敵する変革であったといえるだろう。しかし、そういうことをわたしはほとんど考えたこともなかった。わたしが覚えている言葉は、当然のように、日本の古来から受けつがれた言葉だと思っていた。だが、そうでないことが分かってみると、わたし自身のルーツをふくめて、ここにたどりつくまでに日本語はどういう変遷をへたのか、つよい関心をいだかざるをえなくなった。その変遷を知ったからといって、いまさらわたしの日本語が改まるということはないだろう。だが、一九九〇年代以降の、すさまじい日本語の変化が、二十一世紀にどのように変わっていくのか、その行く末を多少なりとも予知できるのではないかという期待を抱いている。ともあれ、まず日本語の源流をのぞいて見ることにしよう。

第一章　日本人の起源

言葉はすべて、個々人または集団相互の意思疎通をはかる必要から、人間にあたえられた大切な能力である。〈はじめに言葉ありき〉という聖書の言葉は、人間存在の原点を示唆したものであろう。しかし、言葉はある一定の居住社会の産物であって、地域が異なると通用しなくなる。たとえば、アマゾン流域の原住民は、湾が違うごとに、言葉もちがい、共通の言語を生みだすコミュニテイがいまでもないという。相互の交通の便のない原始社会では、アマゾンにかぎらず、互いに孤立したばらばらの社会である。日本の古代人たちもそうだったろうが、日本語という共通の言葉が生みだされているところをみると、孤立した地域の相互の交流によってコミュニケーションが生まれ、何代にもわたる長い時間の醸成によって、ひと言ひと言がつくりだされていったものと思われる。

それにしても、日本列島は海にとりかこまれており、大陸から孤立しているため、他民族と交流することができなかったのではなかろうか。そのために、日本民族は独自の言葉を造りだしたのではないかと考えがちである。そうした特異性もたしかにあるだろう。だが、アジア大陸と日本列島が陸つづきの時代はかなりあったようで、日本語のみなもとをたどれば、大陸との遠戚関係は避けられないように思われる。つまり、日本語はアジア大陸のどこかから日本列島に移住してきた人たちの言葉ということである。もっとも、海を渡ることのできない古代人が日本列島に住みつくためには、陸つづきは必要不可欠な条件である。ところが、地球の歴史を見てみると、一七〇万年から一万三千年まえまでのあいだに、五回の氷河期をむかえ、海水が一二〇メートルから一五〇メートルまで低下し、日本海は湖のように孤立して大陸とひとつづきとなっていた時期があったらしい。海水が低下するということは、蒸発した水蒸気がすべて氷結し、北極と南極に氷の層ができることである。最後の氷河期は三～二万年まえのことで、北半球の永久凍土の分布図をみると（『モンゴロイドの地球』三巻を参照）、凍土はシベリアのヤクーツク地方から、北極圏をはさんでアラスカ・カナダ・アメリカ大陸にまでおよんでいる。日本列島では北海道まで氷河におおわれている。その本によると、北緯四〇度以北は人間の住める環境ではなかったということである。

ところが、二〇万年まえ、東アフリカの大地溝帯で誕生した新人が、中央アジアから東アジアへと狩猟の獲物をおって移動してきた時期が、ちょうどその最後の氷河期のころではないかといわれている。この極寒の時代に、かれらはアジア大陸から陸つづきのサハリンにわたり、北海道から東北地方にまで進出し、定着したのではないだろうか。氷河期の時期にだけあらわれる陸つづきでないと、新人が日本列島に渡ることはできないからである。北緯四〇度のシベリア西南部バイカル湖周辺には、かれらが定住していた遺跡もみられるが、日本列島に旧石器時代の人類が生息した痕跡はないというのが、我が国の長い間の定説であった。ところが、一九四九年、相沢忠洋が群馬県の岩宿で、後期旧石器時代のものとおもわれる石器を発見したことによって、縄文時代以前にも人間が住んでいたことが知られるようになった。その石器はおよそ三万年から一万年まえのもので、黒曜石による槍先形石器であった。しかし、その発見は考古学会ではほとんど認められず、相沢氏は孤独のうちに亡くなっている。ところがその後、三〇年あまりたって、一九八〇年～九〇年にかけて、宮城県北部を中心につぎつぎと中期・前期旧石器時代の遺跡が発見されていった。年代順にあげると宮城県の座散乱木《ざざらぎ》遺跡・同県の馬場壇A遺跡・同じく高森遺跡・同じく上高森遺跡・北海道の総進不動坂遺跡・埼玉県の長尾根遺跡・福島県の一斗内松葉山遺跡・埼玉県の小鹿坂《おがさか》遺跡・岩手県の瓢箪穴《ひょうたんあな》遺跡などである。それらの遺跡から出土した石器は五〇万年から六〇万年の地層から発掘されたものであると報告されていた。ところが、それらの石器は「東北旧石器文化研究所」の藤原新一副理事長が他から持ち込んで捏造《ねつぞう》したものであることが判明し、二〇〇二年五月二六日、日本考古学協会の総会ですべて否定され、結局、前期中期旧石器時代に日本列島に人類の生息した痕跡はないという結論に至った。

　ほぼ二〇年間にわたって欺かれつづけた日本考古学界は深い痛手をこうむった。それは単に考古学会のみならず、たとえば一九八一年に発掘された座散乱木《ざざらぎ》遺跡は国の国定史跡としてすでに承認されていた。したがって、これらの遺跡は教科書はじめ、あらゆる刊行物にも当然のこととして取り上げられていた。それらが捏造《ねつぞう》だということがわかっても、いったん刊行された記述はどうすることもできない既成事実となっている。すでに発表された資料は多方面にわたって引用され、さまざまな論証の素材として活用されてきた。わたしもまた、「日本語の空間」において、捏造《ねつぞう》が判明するまでの資料によって論考をすすめていたため、その整合性に苦しむことになった。幸い、刊行までに捏造《ねつぞう》の事実を知ることができ、根本的な手直しによって新たな論考をすすめ、日本人起源の虚像をつたえることを避けることができた。この一文に、あえて捏造《ねつぞう》された遺跡名を列挙したのは、こうした事実を決して忘れることのないように明記しておきたかったからである。

ところで、群馬県の岩宿で発掘された石器が、日本列島に最初にすみついたヒトの遺品であることはまちがいないが、その年代になると三万年～一万年まえという、かなりあいまいなことしかわからないらしい。さきの捏造《ねつぞう》事件でもそうだが、石器そのものから年代を測定することはできないので、その石器の出土した地層によってその年代を確定している。岩宿の場合、関東ローム層の地層ががけ下に露出していたことから発見につながったといわれている。関東ローム層はむろん富士山の火山灰による堆積層である。これまで日本本土では、旧石器時代の化石人骨が見つからないのは、本土をおおう火山灰の酸性土壌によって、人骨が溶けてしまうからだということであった。したがって、これまで歴史上でとりあげられたいくつかの化石人骨は、すべて否定されている。たとえば「牛川人骨」はナウマンゾウの子供の骨ではないかといわれている。また「三ケ日人骨」は年代測定の結果「縄文人」ということになった。ただ、その近辺で発見された静岡県の「浜北人」は放射性炭素法で測定した結果、一万八〇〇〇年から一万四〇〇〇年まえという旧石器時代の数値がでている。しかし、捏造《ねつぞう》事件の例もあるので、いまのところさらに慎重な調査がすすめられている。一時話題となった「明石原人」は現物が焼失したということもあるが、最近、東アジアの新人の寛《かん》骨《こつ》（骨盤の一部）の発見例がふえて、同種の明石原人の人骨も縄文時代以降という可能性がたかい。いまひとつ、大分県の聖嶽《ひじりだけ》洞窟の人骨は石器とともに出土し、旧石器時代のものではないかと見られていたが、九九年、別府大学と国立歴史民族博物館の再調査によって、室町時代以降のものであることがあきらかになった。

いまのところ、日本列島の人骨で最古のものと考えられるのは、那覇市の「山下町第1洞穴人骨」で、三万二〇〇〇年まえの、推定六歳の子どもの大腿骨《だいたいこつ》の破片二点ということである。しかし、考古学的に資料価値の高いものとしては、沖縄県具志頭《ぐしかみ》村で七〇年に発見された「港川人《みなとがわじん》」である。ほぼ完全にちかい男性の化石人骨一体と女性三体の化石で、一万八〇〇〇年まえの後期旧石器時代のものと認定されている。このほかにも、沖縄県では宮古島の「ピンザアブ人」約二万六〇〇〇年や、久米島の「下地原洞穴人」約一万五二〇〇年などが見つかっている。「港川人」について、池田次郎が『日本人のきた道』のなかで解説している一文があるのでみてみよう。

「頭蓋骨が完全な形で残っている港川人は、顔幅がせまい華北の上洞人《じょうどう》や新石器時代人とちがい、顔幅がひろい、華南の柳江人《りゅうこう》やインドシナの新石器時代人に似ている。男性で一五六センチ、女性で一四四センチという低い身長も、華南あるいは東南アジアにむすびつく特徴である。

港川人をはじめ、比較的多くの化石が発見されている沖縄諸島では、これまで旧石器時代の文化遺産が一点も見つかっていなかったので、その年代を疑問視する人さえいた。ところが、最近になって奄美《おおみ》大島で二万年以上前の石器群がみつかり、それらが華南や東南アジアの遺跡からでてくるものによく似ていることがわかった。華南・台湾・東南アジアなど南方の後期旧石器時代人が奄美大島まで移動していたことは、これでほぼ確実になった」

たしかに二万〜一万年まえに、沖縄諸島に人類が生息していたことは間違いない。だが、その港川人がそのまま日本本土に進出して縄文人になった後期旧石器人とは考えられない。その経路をたどる遺品も遺跡も、南西日本には見あたらないからである。わずかに、鹿児島県指宿市の水迫《みずさこ》遺跡から細石刃《さいせきじん》文化期（一万五〇〇〇年まえ）の、竪穴《たてあな》住居二棟と杭列・道・石器製作跡の組み合わさった住居跡が見つかっているが、その人たちがどこから来たのかはわからない。だが、当時の人類が海を渡って南九州にまで来たとは考えられない。事実、水迫遺跡と同種の遺跡が南九州でひとつもみつかっていないことから、港川人との関連を推定する手がかりはえられていない。おおむね、西日本で発掘される遺跡は、新石器時代から以降の弥生時代にかけてのものが多く、東南アジアからの進出よりも、中国大陸からの渡来人によってもたらされたものと考えられている。むしろ、後期旧石器人ないし縄文人の原像は、東日本に残されている遺跡からたどるほうがより実情に近いのではなかろうか。「東北旧石器文化研究所」の旧石器時代捏造《ねつぞう》事件によって、日本人の原像がいっきょに突き崩された衝撃はあるが、やはり最初に日本列島に住みついたのは、アジア大陸から陸づたいにやってきた北方モンゴロイドの種族ではなかろうか。かれらが日本列島に最初にのこした足跡は、青森県の津軽半島蟹田川の大平山元Ⅰ遺跡である。一九七六年の最初の発掘で、土器片四六点、石鏃二点が発見され、その後、一九九八年の再調査で、石器群二六〇点と土器片四六点、石鏃二点が出土した。土器片は無紋の深鉢だが、その表面に炭化物のあとがみられるので、煮炊きに使われていたものと思われる。その炭化物を採集して、放射性炭素年代測定をしたところ、一万五〇〇〇～一万六〇〇〇年の年代がえられた。この年代で土器を使用していたことは非常にめずらしく、かなり文化程度のすすんだ人たちではなかったかと思われる。また、石鏃の出土は狩猟に弓矢を使っていたことをしめすもので、一般に弓矢の使用はもう少しのちの縄文時代になってからだと思われていたので、かれらの進化はおどろくべきものがあるといえるだろう。

ここらで少し視点をかえて、人類の現状をうらなう「現代型新人」の進出拡散の系譜をたどってみることにしよう。

一、モンゴロイドの系譜

人間の誕生には二つの種の起源がある。一つはオランウータンから分離した系譜と、いま一つはゴリラ・チンパンジーからわかれて、直立猿人・原人・旧人そして新人となった系列である。つまり、類人猿とたもとを分ってホモ・エレクトス（原人）への道を歩みはじめたというわけである。地球の歴史からすると、つい最近のできごとにすぎないが、人類の歴史からすれば気の遠くなるような長い進化のみちのりであった。

まずオランウータンの系譜からみてみよう。オランウータンは東南アジアのジャワ島に現在でも生息している類人猿で、ほぼ一千万年まえに人類はその種から分離して進化をはじめたようである。もっとも、それを裏付ける遺物や化石が発見されていなかったので、これまでは進化人類学による単なる推測にすぎなかったが、その進化の過程で突然姿を消している。ところが、一八九一年、オランダ人のデュボワによって、ジャワ島のトリニール遺跡から頭蓋骨と左大腿骨の化石が発見され、それをオランウータンから分離したピテカントロプス・エレクトス（直立原人、のちにジャワ原人と改名）として発表した。そのジャワ原人の化石を測定したところ、五〇万年まえのものということがわかった。さらに最近、サンギラン遺跡（インドネシア）から発掘された化石原人を、分子進化学と化石人類学とによって検証した結果、約一〇〇万年まえのホモ・サピエンスと推定された。そしてこの化石原人は、インドネシアのサンギランから二〇〜三〇万年かけて北上をこころみ、しだいに温帯域への適合性を身につけて、中国南西部へと進出していった。そして二〇万年かけて中国北東部にまで進出して、北京原人となったのではないかと考えられている。

わたしたちがよく知っているのは、一九二九年にスウェーデンのアンダーソンらによって発見された、ホモ・エレクトス・ペキネンシス（北京原人）である。これがサンギランの化石原人から進化した種であることがわかったのは、最近のＤＮＡ遺伝子の研究によるものである。もっとも、いっきょに北京原人となったのではなく、最近発掘された中国各地の化石の、古い順に列挙すると、陝西省《せんせいしょう》の藍田《らんでん》原人（約七五万年）、雲南省の元謀《げんぼう》原人（五〇〜六〇万年）、やや時代がくだって湖北省のユンシェン人（二五〜三〇万年）、陝西省のダーリー人（二〇万年）、遼寧省の金牛山《きんぎゅうさん》人（一五万年）、広東省のマパ人（七万年）である（『モンゴロイドの地球』一巻・赤澤威《あかざわたける》による）。

以上が、人類誕生の二系統のうちの一つ、オランウータンの系譜である。では、それが現代アジア人種につながるかというと、この系統は絶滅してしまったらしく、むしろゴリラ・チンパンジー系統の、アフリカで誕生した種族と交代したということである。かつて東アフリカ大地溝帯で誕生したアウストラロピテックスが三〇〇万年かけて進化し、一六〇万年まえ、アフリカ地溝帯から脱出してアジア大陸に進出し、オランウータン系の種族と交代したのではないかといわれている。なぜそうなったのかはわからないが、このふしぎな人類交代の歴史は現在もなおつづいている。つまり、現在の世界の全人類は、かつて二〇万年まえの旧人が絶滅して、新人といれ代わったということである。ともあれ、このふしぎな歴史について、現在知られていることをかんたんに紹介してみよう。

ゴリラ・チンパンジー系の類人猿から人類が分化したのは約五〇〇万年まえのことで、アジアの類人猿からの分化よりもかなりのちのことである。一九七五年、東アフリカ大地溝帯の北端、エチオピアのハダール遺跡からみつかった化石猿人（アファレンシスと命名）は、身長一〇〇センチメートルの小柄なからだで、頭部や顔つきは類人猿に似ているが、骨盤や下肢骨の形から、直立して二足歩行していたことがわかった。また、その発見された地層が約三〇〇万年まえの年代をしめしていることから、これが人類最古の化石であるといわれていた。ところが、一九九二年、ハダール遺跡のそばを流れるアワシュ川の上流のアラミス遺跡から、アファレンシスよりもさらに一〇〇万年も古い地層から化石人骨がみつかった。これがもっとも古い化石人骨で、ラミダスと命名され、その生存年代は四四〇万年まえと推定された。これは類人猿との分化年代とされている五〇〇万年にほぼ近い化石人骨である。東アフリカ大地溝帯からは、ラミダス・アファレンシス以後の人類化石がつぎつぎに発見され、その系統にはさまざまな説があるようだが、ここではアメリカの人類学者リチャード・G・クラインのモデルを参考にしてみよう（『モンゴロイドの地球』一巻・赤澤威による）。

ラミダスから↓アファレンシス、アファレンシスからさらに二つの系列にわかれている。一つはエチオピクスで、その系列にロブストスとボイセイという種族が生まれている。かれらは頑強な体格と強靱な口顎をもっていたが、他の生物種との生存競争に負けて、絶滅してしまった。そうして、いま一つの分派した系列は、アフリカヌスから↓ホモ・ハビリスへと進化するが、かれらは体格も貧弱で、口顎や歯牙の形質も軟弱で咀嚼力が弱かったようである。それをおぎなうために、ハンドアックスという石器をつかい、堅い木の実をくだくことをおぼえ、他の肉食獣や草食獣と競いながら生存をはかった。当時の人類は菜食が主体で、わずかに肉食獣の食べのこした腐肉をあさる程度で、狩猟をしたという形跡はうかがえない。かれらの化石のまわりに動物の骨の化石がみあたらないからである。それにしても、頑強なエチオピクス系がほろんで、軟弱なアフリカヌス系が生き残ったということは皮肉な現象といえるだろう。なぜかれらが生き残ったかというと、弱小な体力をおぎなうために〈道具〉を使うことをおぼえ、それによって知能の発育が促進されたからではないかと考えられる。この知能の発達段階は、ほぼ六〇〜一〇〇万年をかけて進化し、直立猿人からやがてホモ・エレクトス（原人）へと変身していった。かれらの生存年代は、発見された地層から、ほぼ一六〇万年と考えられている。それからさらに何十万年後かわからないが、ホモ・エレクトスは東アフリカ大地溝帯から脱出して、ユーラシア大陸の各地へと移住し、拡散していった。その痕跡をたどることによって、はじめてホモ・サピエンス（人間）が人類史上に登場し、現在のわたしたちの存在の原点となったというわけである。

ところで、原人がユーラシア大陸へ進出したルートをみてみよう。かれらは東アフリカ地溝帯の北のはしから紅海をぬけ、アカバ湾から死海をとおり、さらにガリレー湖のヨルダンの谷を北上するコースをすすんでいるが、これを死海地溝帯とよんでいる。そのガリレー湖近くのウベイディア遺跡に、かれらの残した最古の石器が発掘され、それがアウト・オブ・アフリカを証明する唯一の資料となっている。かれらはここを起点として、そのまま北上するグループと、東にむかうグループとにわかれている。東へむかったグループは、イラクからインドをへて東南アジアへとすすみ、アフリカ地溝帯とおなじ熱帯性および亜熱帯性の気候と食料にめぐまれ、そのままそこに定住したものと思われる。にもかかわらず、かれらの一部はそこに安住することなく、その後、さらに温帯性気候に順応する体質を身につけて北上し、中国各地の原人となったのではないだろうか。こうして拡散したホモ・サピエンスは、オランウータン系の原人に代わって登場した、アフリカ地溝帯で誕生したゴリラ・チンパンジー系の原人たちではないかといわれている。もっとも、アジア大陸各地の原人たちがどちらの種族に属するかは、いまのところ決着がついているわけではない。ただ、こうした人類の交代はめずらしいことではなく、つい二〇万年まえにもおこっている現象である。それについてみてみよう。

現代の人類は、ユーラシア大陸の各地に分散したホモ・サピエンスがそのまま進化をとげたかというと、数十万年ののち、ふたたび忽然と姿を消している。はたしてほんとうに絶滅したのだろうか。ちょっと信じられないような現象である。それについて二つの考え方があるので紹介しておこう。

一つは「多地域進化論」である。つまりアフリカ地溝帯から脱出して各地にうつり住んだ原人がそのまま各地で進化をとげて、今日の多様な人類集団となったという説である。今世紀はじめまで、この説はほとんど定説となっていた。たとえばヨーロッパでは、二〇万年まえに原人に代わって旧人が現れている。一八五六年、ドイツのネアンデルタール渓谷で、二〇万年まえの人骨の化石が発見され、ネアンデルタール人と命名された。その後、こんどはフランスのクロマニヨン地方から、三万五〇〇〇年まえの化石人骨が発見され、これはクロマニヨン人と命名された。そしてネアンデルタール人を旧人とよぶのにたいして、かれらを新人とよんでいる。現在、わたしたちの直接の祖先は、このクロマニヨン人だということである。では、ネアンデルタール人はどうなったのだろうか。クロマニヨン人にはネアンデルタール人の遺伝的形質がまったく見られないということだから、クロマニヨン人は新しく生まれた種族ということになる。だが両者は、地理的にもさほどかけ離れた土地に生存していたのではないからふしぎである。また年代的にも一〇万年前後の差があるが、両者が重なり合っていた時代もかなりあった。にもかかわらず、混血の遺伝的痕跡はみられないという。この現象はどう解釈すればよいのだろうか。

この謎をときあかしたのが、今世紀になって開発された人類遺伝学である。現代人のミトコンドリアDNA遺伝子の研究から、われわれの共通の祖先が約二〇万年まえ、かつてのアフリカ大地溝帯で新しく誕生し、一〇万年かけて死海地溝帯へ進出し、そこからユーラシア大陸の各地に移りすんだホモ・サピエンスで、かれらが「現世人類」というわけである。つまり「一地域進化論」、またはは「アフリカ単一起源説」である。かつて一六〇万年まえにも同じようなことがおこり、ふたたびそれが繰り返されたということになるのだが、それは単なる偶然とはいえないだろう。オランウータンやゴリラ・チンパンジーたちが一千万年ほとんど進化せず、ほそぼそと種族を維持している現実と比較したとき、人類がたしかに超自然力（神）によって創造されたという考え方があってもふしぎではない。ともあれ、現世人類が世界共通のミトコンドリアDNAの遺伝子細胞を保有していることはまぎれもない事実である。

ここでミトコンドリアDNAについて簡単に説明すると、ミトコンドリアDNAは遺伝子の本体である細胞核のDNA（デオキシリボ核酸）ではなくて、核をとりまく細胞質にふくまれているものので、生殖現象において、卵子の核DNAと精子とが結合して細胞増殖をくりかえすのにたいして、卵子の細胞質にふくまれるミトコンドリアＤＮＡは精子とは結合せず、自己増殖をくりかえすという特性をもっている。そのために、母親だけから子孫につたえられているので、その遺伝子を過去にさかのぼって分析すれば、生物体の系統を分類することができるようになった。今日、現世人類のミトコンドリアＤＮＡの塩基配列が、現代人では世界共通なので、それをさかのぼって分析していくと約一四〜二九万年まえのアフリカの一女性に起因することが判明している。これを通称「アフリカのイブ」と仮称しているが、ともかくこうした研究にもとづいて、人類の「単一起源説」が生まれたのである。

ところで話をもとにもどすと、一〇万年まえ、ホモ・サピエンスがアフリカ大地溝帯からでて、最初に分散した種族がアフリカに散ったのが、今日の「ネグロイド」である。ついで紅海の北端から死海地溝帯にまで進出し、そこからアジア地域にむかった種族が「モンゴロイド」とよばれる黄色人種である。さらに北緯四〇度の寒冷気候のヨーロッパへ移住したのは、さらに二、三万年たって、寒さに順応する体質を身につけた種族で、かれらは「コーカソイド」とよばれる白人種である。これで現世人類の分布図が決定したわけだが、その新人類の一員として世界人口の三分の二をしめるモンゴロイドの一端に、わたしたち日本人もつらなっていることになる。最近、現在日本人のミトコンドリアＤＮＡの塩基配列をしらべた結果、八種類の塩基配列のうち、三四パーセントの分類がもっとも多く、ついで一五パーセントとなり、以下一〇パーセント未満の混成人種が日本人ということである（岐阜県国際バイオ研究所健康科学センター資料による）。

現世人類がなぜアウト・オブ・アフリカという行動にでたかは、いまでも判然としないが、ただその後、つぎつぎと世界中に適応拡散していったそのスピードと行動力は、進化生物学の世界では新しい生物種の進化とみられている。つまりホモ・サピエンス・サピエンスという原種にはちがいないが、その生存と繁殖力はまったく新しい生物種といってよいのではなかというわけである。アウト・オブ・アフリカ現象も、おそらくアフリカのイブによって誕生した新人類が、旺盛な繁殖力による人口の増加によって、集団の分裂と拡散現象がおこり、必然的に移住をよぎなくされたのではなかろうか。

それにしても、われわれの祖先がはるばるアフリカからやってきたということは想像をうわまわるできごとである。かれらが死海地溝帯からどういう経路をたどって日本にやってきたかということになると、たしかなことは分からない。ひとつはシリアから「肥沃な三日月地帯」とよばれているメソポタミヤ文明発祥の地を通ってインド大陸から東南アジアにぬけるルートである。このルートは亜熱帯地帯で、植物の種類も豊富であり、アフリカ地溝帯とほとんど変わらない環境であることから、新人類が当然選んだ道だと思われる。このルートをとおってアジアにやってきたモンゴロイドを「南方モンゴロイド」という。この人たちが島づたいに日本列島にやってきたのではないかという説がある。

いまひとつは、死海地溝帯をさらに北上して中央アジアにぬけ、ヒマラヤ山脈の北を通るルートで、シベリア南部のアルタイ山系の北方回廊からシベリア西南部のバイカル湖周辺に移住したモンゴロイドである。この人たちを「北方モンゴロイド」というが、二万三〇〇〇年まえにはバイカル湖の東のマリタ遺跡に後期旧石器人の集落跡が発見されているし、さらに北方の北緯六〇度近いウスチ・コバーにも遺跡がのこっているという（『日本人の起源』中橋孝博）。じつはかれらの一部が、寒冷適応型の体型を形成したのち、凍結したベーリング海峡をわたって、アラスカからアメリカ大陸へと進出してアメリンドウ（アメリカ・インディアン）となったといわれている。また、一部はアムール川にそって東にすすみ、沿海州から凍結した間宮海峡をわたってサハリンへわたり、さらに北海道から日本本土へと移住した種族が日本人の原像ではないかといわれている。ほぼ一万八〇〇〇～一万四〇〇〇年まえのことである。

これでようやく日本人の起源にたどりついたわけだが、南方モンゴロイド・北方モンゴロイドという二つの後期旧石器人が日本列島に住みついて、縄文人という民族を構成したことになる。モンゴロイドとはヨーロッパ人がつけた名称だが、一三世紀にヨーロッパに侵攻したモンゴル人こそアジアを代表する古代人だとかれらは考えたからである。そのモンゴロイドはまさしく北の道を東へとすすんだ集団で、モンゴルおよび中国東北部、朝鮮半島に定住した種族でもある。かれらはまた、後期縄文時代に日本本土に渡来し、やがて弥生時代をもたらした人たちでもある。

こうした全人類的な規模のなかの一員として、モンゴロイドの系譜をひくのが日本人である。だが、沖縄の港川人が島づたいに北上して日本本土の縄文人になったとは考えられない。後期旧石器人たちには海をわたる技術も能力もなかったからである。ところが、信じられないことだが、アイヌや縄文人が港川人と同一の南方モンゴロイドの遺伝子をもっているということである。かつて歯科医師で人類学者でもあったターナーが、歯の形から人種を分類することをこころみたことがある。それによると南方モンゴロイド人の歯は、前歯の裏のシャベル状のくぼみが浅く、下あごの大臼歯の歯根が二つに分かれるという単純な構造になっていることから、この特性をもつ種族を、スンダ型歯列（スンダドントという）族と断定している。もうひとつの根拠として、今世紀になってミトコンドリアＤＮＡがアイヌ・縄文人・港川人・東南アジア人に共通の塩基配分がみられるということも判明した。そうなると、原日本人は東南アジアから北上した南方モンゴロイドということになる。

ところが、現代の日本人の歯は、前歯の裏のシャベル状のくぼみが深く、大臼歯の歯根が三本に分かれて複雑になっているという中国型歯列（シノドントという）族ということである。この歯列をもつ種族は、現日本人のほか、モンゴル人・中国人・朝鮮人・そしてアメリカ・インディアンなど、北方モンゴロイドの系統を受けつぐ人たちである。ミトコンドリアＤＮＡもまた「北方型」と共通の遺伝子をもっている。そうなると、原日本人はいったいどこからやってきたのだろうか。

三つのルートが考えられる。一つは東南アジアを起点として、北上をつづけた南方モンゴロイドの種族である。その一部が華南から陸つづきになっていた東南諸島にわたり、沖縄の港川に定住したと推定される。港川人の化石人骨（一万八〇〇〇年まえ）が現存しているが、かれらはインドネシアのワジャク人と同質の形態であるという。また、この南方モンゴロイドの種族の一部はそのまま中国大陸の北上をつづけ、華南から華北、さらに中国東北部を北上して沿海州に進出し、凍結している間宮海峡をわたってサハリンから北海道、さらに津軽海峡をわたって日本本土に移住した後期旧石器人たちで、かれらが縄文人となったのではないかという説である。なぜなら、前期縄文人の化石人骨（約八〇〇〇年まえ）が港川人と同種のスンダ型歯列と、ミトコンドリアDNAが「南方型」だからである。

また一方、南方モンゴロイド種族の一部はさらに北上をつづけ、シベリア東北部から凍結しているベーリング海峡をこえて、アラスカからアメリカ大陸にまで進出したのではないかと推定されている。というのも、古代アメリカ・インディアンの一部にスンダ型の歯列と、ミトコンドリアDNAが南方型に属するとみられるものがあるからである。さらにこの種族は南アメリカ大陸を南下したらしく、一八三二年、ダーウィンがビーグル号で航海中に南米のフエゴ諸島にたちよって、そこに定住しているオナ族・ヤーガン族について観察し、古代アメリカ・インディアンの子孫ではないかといっている。ともかく、こうした拡散移動は人類史上かってない壮大な現象だが、いまのところそれを実証する状況は、これら以外には発見されていない。

つぎに第二のルートを見てみることにしよう。死海地溝帯を出てヒマラヤの北をすすんだモンゴロイドが、シベリア南西部のバイカル湖周辺に定住していた遺跡がのこされている。かれらを北方モンゴロイドというが、その種族の一部が、アムール川にそって沿海州まですすみ、凍結している間宮海峡をわたってサハリンから北海道、そして東北地方に移住した後期旧石器人たちではなかろうかといわれている。さきにみた「南方型」よりもかなり遅れて日本列島にやってきたようで、やはりシベリア経由という寒冷体質に適応するためには、数千年の年月を要したのであろう。かれらの歯の構造はシノドントで、ミトコンドリアDNAも当然「北方型」である。かれらが定住した痕跡が、津軽半島の大平山元Ⅰ遺跡（一万六〇〇〇年まえ）にのこされている。かれらが現在の日本人となったことは、遺伝子が共通であることによっても検証されている。また、後期旧石器人から縄文人へと進化する過程で、細石刃技術の発達がみられるが、こうした技術はバイカル湖周辺のマリタ遺跡にその起源があり、縄文人のもうひとつの源流がシベリア南西部の一種族ではないかと推定されている。この種族はまた、ベーリング海峡をわたってアメリカ大陸に定住し、現在のアメリカ・インディアンの祖先となったようである。その歯列はシノドント（中国型）であり、またミトコンドリアDNAは北方型と共通の遺伝子をもっている。つまり、最初に南方モンゴロイドがアメリカ大陸に移住し、ついでベーリング海峡が解氷するまえに北方モンゴロイドの種族が大陸にわたって定住し、現在にいたっているということらしい。その痕跡は歯列のちがいと、ミトコンドリアDNAの塩基配分の相違によって知られている。

つぎに第三のルートについてみてみよう。この種族も北方回路をたどったモンゴロイドだが、シベリアに向かわずに、中央アジアからモンゴル地方をへて、中国東北部に定住した一族である。かれらがどういう経路をたどって日本列島に移住したのか、たしかな遺跡はないが、朝鮮半島から海をわたって北九州にたどりついたのではないかという想定は、その後の帰化人のさまざまな歴史的事例からもじゅうぶんに考えられることである。ただし、後期旧石器時代から縄文時代にかけて、日本列島の人口比率は東日本が圧倒的に多く、西日本はわずかに一割程度ではなかったかといわれている。なぜなら、常緑照葉樹林帯は森林がうっそうと茂り、狩猟にも、また採集生活にも不便で、東北地方の冷温落葉樹林帯が採集狩猟生活に適していたからである。その人口比が逆転するのは稲作がはじまってからである。こうした状況から推定すると、やはり原日本人は中国東北部から沿海州を北上してサハリンから北海道、本州というコースをたどったのかもしれない。それはバイカル湖を出発した原日本人よりもかなり早い時期ではなかったかと思われる。それはともかく、この種族の使っていたことばが日本語の骨格となっていることは、服部四郎の『アルタイ諸言語の構造』のところでふれるとして、日本列島に定住したモンゴロイドとしては、現代日本人に通じるもっとも親密な種族である。

二、縄文人から弥生人へ

以上で日本人の起源についてはいちおう終わるとして、沖縄の港川人は別として、日本本土に定住した種族は三様の起源をもつことになる。後期旧石器時代人はおよそ二万五〇〇〇〜一万二〇〇〇年まえに日本列島に定住し、やがて狩猟中心の生活から、採集および栽培生活へと進化していった。その進化の過程で、かれらは食物を煮炊きするために土器を使用するようになった。その土器の模様から、この時代を縄文時代とよんでいる。一万二〇〇〇〜二〇〇〇年まえまでの、およそ一万年の自然に順応する原始的な生活であった。

ともあれ、北方モンゴロイド系の日本人が住みついた地域は、日本列島の南西部よりも北東部が圧倒的に多い。縄文後期の日本列島の人口分布をみると、およそ一五〜二五万人くらい居住していただろうといわれているが、そのうち南西部には二万人、九割は北東部から関東・中部地区に住んでいたらしい。たとえば、岩手県遠野市の新田Ⅱ遺跡（縄文前期〜中期）に見られる大型住居群は、長さ一二・五メートル、幅六メートルの長方形の住居跡が二棟建ち並び、ほぼ五〇〇人くらいの集落で構成されていたと考えられる。だが限られた採集生活では、一カ所に五〇〇人というのはかなり過酷なくらしであっただろう。それにしても、縄文人はなぜ南よりも寒冷な北に多く住んでいたのだろうか。今日から考えるといささか理解しがたいが、当時の食生活からすれば当然な理由があった。それは東日本の植物分布が狩猟採集生活に適していたからである。たとえば南西日本の植物分布はカシ・シイ・クスなど常緑照葉樹林帯で、森林はうっそうと茂り、植物の採集にも居住にも適していなかったが、東日本はブナ・ナラ・クリ・クルミなど冷温落葉樹林帯で、ナラ林にはシカやイノシシなどが生息し、クリ・クルミ・トチなど、採集に必要な堅果類も豊富であったからである。ただ、寒冷地に定住するためには、冬季にそなえて貯蔵する手段が必要であり、それは集団の力と知恵によって克服したものと考えられる。たとえば青森県の三内丸山遺跡（五五〇〇～四〇〇〇年まえ）では、栽培種とみられるヒエやソバの実などが竪穴式住居の床から見つかっている。こうした安定した定住生活には、縄文時代を通じて、基本的な社会構造があったと思われる。その社会構造がくずれたのは、渡来人によってもたらされた稲作による食料生産社会が生まれてからである。

　稲作による自給社会を弥生時代という。稲作の伝来は、だいたい紀元前六〇〇年前後といわれている。このころ、稲の穂ずみにつかう石包丁《いしほうちょう》や磨製石斧《ませいせきふ》が、佐賀県唐津市の菜畑《なばたけ》遺跡から出土している。そこには福岡県板付遺跡よりも古い水田跡がみられる。また、土器にもあきらかに縄文時代とはちがって、突帯文《とっていもん》土器から単純な模様の遠賀川《おんががわ》式土器へと移っていった。こうして時代の進展は、自然に即応した狩猟採集社会から、生産関係の自立した社会へと移っていったことをものがたる。こうした変遷を、土器の模様などから縄文時代から弥生時代へというふうに時代区分している。

弥生時代は北九州の稲作を起点としてはじまり、やがて急速に西日本から東日本へと伝播していった。紀元前四世紀から三世紀にかけて、弥生文化という新しい生活スタイルがうまれ、集団としてまとまった行動をするという社会秩序ができあがりつつあった。それにしたがって、南西部の人口は急速に増加し、日本の人口分布図は逆転することになった。では、現代日本人の源流は縄文人から弥生人へとうけつがれていったのかというと、両者はかならずしも同一種族とはいえないところがある。たとえば、池田次郎の『日本人のきた道』によると、縄文人は寒冷適応型の北方モンゴロイドの体型や容貌をうけついでいて、身長はやや低く、胴長で、腕や足は短く、鼻はひくく、厚ぼったい一重まぶたで、ずんぐりむっくり型だということである。それにたいして、山口県の土井ケ浜や、九州北部の弥生人は身長が一六〇センチメートル前後で、やせ型、鼻はたかく、骨格も発達しており、顔面の平坦度は縄文人とはかくだんの差があるという。これらの相違は、食生活や環境の変化による小進化というにはあまりに急激な変化であり、おそらく中国北部や朝鮮半島の新石器時代人の系統をひくものではないかといわれている。かれらが日本列島において縄文人と合流し、遺伝的な体質の異変がおこったものと考えられる。もっとも、それほど大量に渡来人が日本列島にやってきたとはおもわれないので、やはり稲作による生活環境の変化のほうが妥当ではないかという説もある。ところが、旧石器時代の日本人の渡来のところでもみたように、原日本人はもともと中国大陸から朝鮮半島をへて日本列島にすみついたのではないかという説からすれば、弥生人こそ日本人の源流ということになる。その辺に関するたしかな根拠はないが、たとえば池田次郎は、日本人の起源をサハリンから南下した北方モンゴロイドの系統と推定している。その根拠は、東日本で発掘される遺跡がすべて縄文時代のものであり、西日本で発掘される遺跡は、新石器時代もしくは弥生時代から古墳時代にかけてのものだからである。したがって、ある時期から東日本の縄文人にかわって、弥生人が現代日本人の重要なルーツの役割をはたすようになったことを示唆しているというものである。

ところが一九八〇年代になって、遺伝学のバイオテクノロジーによって、化石人骨の残存DNAの分析が可能となり、ミトコンドリアDNA（母系にだけ遺伝する細胞）が、縄文人と現代の東南アジア人（マレーシア・インドネシア）と共通の遺伝子を持っていることがあきらかになった。また、スンダ型歯列群の類似から、インドネシア・ポリネシア・メラネシア・東南アジア・西南諸島・アイヌ・縄文人が同一の祖先を持っていると、歯の形態学者ターナーは説いている。さらに山口敏の研究によると、頭蓋計測値の計算から、縄文人は柳江人・港川人・ジャワのワジャク人に近いという。いまひとつ、血液型を概略的にみて、南方モンゴロイドはA型、北方モンゴロイドはB型、東アジアからの渡来人はO型という統計もあり、日本人の起源には北方説、南方説、中国説の三通りがあるということになる。そうした複雑な人種構成のなかで、現代日本人にもっともかかわりの深い、食料生産社会を生みだした弥生人の稲作のルーツをたどってみることにしよう。

古代稲作は中国の長江下流、太湖周辺が起源（紀元前四三〇〇年）といわれている。それから山東半島南部をへて、朝鮮半島西南部の松菊里《しょうきくり》で栽培されるようになったのが紀元前六〇〇年、それからわずか数年後には九州北部に移入されている。稲はもともと照葉樹林帯で栽培された熱帯植物であり、それが高緯度のナラ林地帯で栽培されるためには、品種の適応性にかなりの時間を要したようである。遼東半島の南端から出土した炭化米（紀元前一二〇〇年）をみると、温帯ジャポニカの早生品種で、畑作によって作られていたものとみられる（『日本人のきた道』池田次郎）。

わが国でも、縄文中期ころの遺跡から、熱帯ジャポニカの炭化米が出土している。この稲は中国大陸からではなく、南方から持ち込まれたとしか考えられない。なぜなら、熱帯ジャポニカは当然、日本列島の温帯気候には適応しなかったからである。ただ、南西諸島で栽培されていた焼畑農法によって栽培すれば、日本列島でも収穫は可能ということから、縄文時代にも焼畑農法で栽培されていたのではなかろうか。

「このような初期的農耕が、縄文時代後晩期の西日本に存在していたことは、岡山県や福岡県の遺跡から、焼畑やその周辺によく生えてくる畑雑草の種子が大量に検出されていることから、ほぼ間違いないとみられている」(前掲書)。

水田稲作がなぜ西日本で発達したかというと、むろん気候条件にもよるが、その背景には照葉樹林帯での採集や狩猟の困難から、稲作以前から、半栽培の食料生産がじょじょに広まっていたのではないかと考えられる。こうした下地があってはじめて、渡来人による水田稲作が西日本で急速にひろまり、青銅製品や鉄器をはじめ、社会組織や文化のすすんだ大陸文明を受け入れることができたものといえるだろう。こうした社会現象は、日本列島の東西の人口逆転をまねき、当時の人口約六〇万人のうち、ほぼ八割が西日本に住むようになったと考えられている。

以上は、考古学的な、また人類学的な、日本人起源説の概略だが、この時間的推移にともなって、原日本人のことばが現在の日本語のなかにも色濃く残っているのではないかと考えて、それを探り当てる参考のために考古学的な遺跡や資料を紹介したわけである。むろん、どの時代にどのようなことばが使われていたかを知る手立てはない。だが、縄文人が北方モンゴロイドの子孫だとすると、アジア東北部、もしくはバイカル湖周辺部の国々のことばとの類似性があるのではないだろうか。

服部四郎の『アルタイ諸言語の構造』によると、アルタイ諸言語とは、チュルク語族とトゥングース語族のことであるという。チュルク語族に属する言語は、トルコ語・アゼルバイジャン語・タタール語・バシキル語・カザッフ語・トゥルクメン語・ウズベク語・キルギス語・ウイグル語・そしてアルタイ地方の諸言語……以下省略するが、ほぼ死海地溝帯から東に向かった北方モンゴロイドのあゆんだ道筋をたどっている。また、トゥングース語族は中国の天山山脈北路から、アムール河を下り、沿海州に出て、サハリンに渡った種族と、北満州やオホーツク海岸一帯に分布する種族との言語に属するが、本来、話し手の数は極度に少なく、三〇万人に満たないだろうということである。行路をたどると、日本列島に渡った種族は、このトゥングース語族に違いないと思われる。では日本語に、トゥングース語との類縁関係が成立するかというと、それはむずかしいらしい。言語構造の類似性で、服部四郎が説明しているなかで、わたしに理解できる範囲内で紹介すると、

一、頭語に子音群がこない。日本語はすべて母音と結びついて一語となっている。
二、「てにをは」のような接尾後置詞を多く用い、前置詞がない。
三、主語が述語の先にくる。また、主語を省略して述語だけで文をつくることができる。
四、補語や目的語が動詞の先にくる。

こうした日本語の基本的な文法がトゥングース語から来ていることは間違いない。では、同系語かというと、類似する語彙《ごい》が極めて少ないために、その類縁関係を証明することはできないという。むしろ、語彙《ごい》の類似性ではマライ・ポリネシア語、またチベット・ビルマ語にむすびついた南方ア

ジアの系統に近いといわれている。日本人の起源でみたように、縄文人は南方モンゴロイドであるという説からすれば、彼等の使っていたことばを東南アジアから受けついだものであったかもしれない。たとえば、「言語年代学」からすれば約七〇〇〇年で基礎的語彙《ごい》がのこる確立は一〇パーセントに過ぎないということだから、現在の日本語にみられる南方アジア系の残存語彙《ごい》はほぼ妥当なものといえるだろう。

いまひとつ、日本語に大きな影響をあたえたものとして注目されるのは、弥生時代に日本にやってきた渡来人によってもたらされた中国語である。これは次の章で詳しくふれるとして、ともかく日本語には、原日本人の起源と同様に、三つの系統の言語が入りまじって出来上がったということがいえるだろう。こうした混合言語をピジン語という。ピジン語とは、ことばを異にする人種が共存する場合、たがいに聞きかじりのことばでコミュニケーションしているうちに、やがてひとつのことばとして独立したものとなってくることをいう。現在でも、かつて植民地であった国にはこうしたピジン語が生まれている。日本民族も日本語も、そうした複合性の歴史をへて今日にいたっているということが、日本国の基本的な解釈である。余談になるが、モンゴロイドの移住地と思われるアジア地域の性語を比較したものがあるので紹介してみよう。

アルタイ語系（北方アジア）では、女性性器をオマンコ・ミト・ジャジ・パクリといい、男性性器をジヨッカリ・ポジといい、性交はマグハイ・コソという。

中国語系（中部アジア）では、女性性器を女陰・ミク・クチ・ビク・アボ・サネ・べべといい、男性性器は男根・ブブ・チンボコ・シジ・マラ・カリといい、性交はツガルという。オーストロ・アジア語（東南アジア）では、女性性器はソソ・サイ・ウケ・アラ・ビビル・ダカップといい、男性性器はオッタシ・ボテ・フトまたはブト・ノノといい、性交はチキチキという。タミル語では、女性性器はハメルトというが、男性性器や性交についての用語は紹介されていない（『日本語はなかった』渡辺光敏より）。

三、文字化のはじまり

縄文・弥生文化圏から、いきなり文字の世界へ足をふみいれるのは、いささか冒険かもしれない。そのあいだには、ほぼ一万二〇〇〇年の時がながれている。だが、文字で書きあらわすまでもなく、旧石器、新石器、縄文へと、ことばは語りつがれていただろう。それが日本列島に住む種族の従来からのことばなのか、あるいは渡来してきた種族との相互の交流によって日本語ができたものなのか、それをたしかめる手立てはない。だが、「日本人の起源」から考えると、基本は初期モンゴロイドのことばから派生したものであろう。それに外来語が融合して現在の日本語はできあがっていると考えられる。それを勘案しながら日本における文字のはじまりをみてみることにしよう。

日本の文字の資料で、もっとも古いものは弥生時代後期（二世紀前半）とおもわれる、三重県安濃町の大城遺跡から出土した土器（高杯の脚部の破片）に刻まれた〈年〉または〈奉〉〈与〉（いずれか決めかねる）の文字模様である。次に、弥生時代末期（三世紀半ば）、福岡県三雲遺跡から出土した水がめ（五八・六センチメートル）の首の部分に、〈立〉と〈見〉が横書きで刻まれている。この字をなんと読めばよいのか、いまのところは未定だが、発掘にかかわった関和彦は〈竟《きょう》〉ではないかと推理している。その理由は、竟《きょう》は鏡の意味で、この水がめに水を張って、鏡として使うという用途を印したものではないかということである。いずれにしても、文字というには不十分な資料である。しかし、それ以外に、文字らしきものが見当たらないということは、日本の無文字時代がいかに長かったかをものがたっている。

文字の記録資料はないが、読み書きに漢字を使いはじめたと思われる時期は、紀元前三世紀頃ではないかといわれている。その説を紹介してみよう。

「なぜ、紀元前三世紀か。それ以前は縄文時代、以後は弥生時代である。縄文時代の文化は、すべて日本の中ではぐくまれ、醸成された文化であり、いわば列島内の文化であった。ところが、ちょうど紀元前三世紀、中国では秦の始皇帝に追われたのであろうか、一国あげての流亡の動きがはじまる。そうした流亡―国家の移動は日本列島へも及び、弥生時代へ移行するきっかけは、まさにこの前三世紀、山東半島付近から十余万人の人々を率いての渡来にあったとみている。のちに、日本を総称する〈倭〉の国名は、この時やってきた人々の故郷の地名とかかわる名であった可能性が高い。山口県土井ケ浜遺跡で発掘された数多い人骨は、非常に長身で、顔高がたかく、顔幅は狭く、前代の縄文時代人骨とはあきらかに区別される体型をもっている。こうした渡来した人々の話す言葉は、故郷の言葉であり、彼らを率いて渡来した王や王統につながる人々、王統を支える官僚たちは、故地同様の漢字を使い、漢文で表記することには十分たけていたとみていいだろう」(『古代日本の文字世界』の中の「日本に文字が来たころ」水野正好)。

つまり、文字は渡来人によってもたらされたという説である。これはほぼ間違いないだろう。したがって、縄文語(時代がくだって後にはヤマト言葉の表記)はまず漢字によって翻訳されていたのではなかろうか。もっとも、そのころの文字をしるした資料はいまだに見つかっていないので、書かれていたのか、書かれていなかったのかは判明しない。おそらく、カタコトの日本語によって、渡来人と縄文人との交流がはじまり、文化的資質のたかい渡来人によって縄文人も感化され、弥生人という新たな日本人へと変質していったのではなかろうか。やがて社会的な集団の組織化がすすみ、その統率のためにも、渡来人の言語は必要欠かせないものとなっていった。むしろ、問題は言語よりも、社会的な変動による階層の分化によって、それまで平和的な共存共同体が維持されていたと思われる日本列島に、氏族間のはげしい抗争がはじまったという実態である。それは自然条件にしたがった狩猟採集社会から、稲作による生産社会へと変貌したためであろう。中国の歴史書『前漢書』によると、

「それ楽浪海中に倭人あり　分たれて百余国となり　歳時を以て来たり　献じ見ゆ」

という記事があり、『前漢書』の書かれた時期からして、およそ紀元前後の日本の状況であったと思われる。朝貢したのが、どこの国の倭人だったのかはわからないが、すでにクニといわれるような政治集団ができていたことが推定される。前漢がほろびて（紀元二五年）、後漢の光武帝のとき、ふたたび倭国が朝貢した記事がある。

「建武中元二年（紀元五七年）　倭奴国　貢を奉じて朝貢す　使人自ら大夫と称す　倭国の極南海なり　光武賜うに印綬を以てす」

五世紀の宋の范曄《はんよう》が書いた『後漢書』の記事である。この倭の奴国がどこにあるか分からなかっ

たが、天明四年（一七八四年）、博多湾の志賀島で、一農民がこの金印を田んぼの溝から発見したことから、この奴国がいまの福岡市であることが知られた。金印には《漢委奴国王》という五文字がきざまれている。委と倭とは字がちがうが、これは、のちの『魏志倭人伝』に書かれている〈奴国〉と同一国と考えられるところから、〈倭の奴国〉と読むのが正しいのではないかということになった。しかし、奴国王を倭の国王と認めていたわけではない。ついで後漢の安帝のとき、ふたたび中国に朝貢した記録が、『後漢書』の「東夷伝」に書かれている。

「永初元年（紀元一〇七年）　倭国王帥升《すいしょう》等　生口《せいこう》百六十人を献じ　願いて見えんことを請う」

ここでは倭国王となっているが、このころ日本に統一国家ができていたとは考えられない。また、そうした遺跡も発掘されていない。ただ、先の奴国を含めて、北九州地区に、国家連合体ができていたのではないか、と寺沢薫は『王権誕生』のなかで推理している。帥升《すいしょう》等というところに、一人の専制的な王ではなくて、連合体を感じさせるニューアンスがあり、また生口（おそらく敗戦国の捕虜であろう）一六〇人という大規模な献上は、とうてい一国によるものではないだろうと推理している。そして、この連合国の王が帥升《すいしょう》であり、その主体国はイト国であったろうという。イト国は現在の福岡県前原市で、博多湾をへだてて奴国と向かいあった位置にある。連合国の王が、なぜ奴国でなくイト国かというと、当時の中国や朝鮮半島との外交や鉄器の交易などを、イト国が一手に取り扱っていたからである。また、大率《だいそつ》（後世の大宰府に類する機構か）がおかれ、倭国にくる中国・朝鮮半島の使節の持ってくる文書や贈物を各国王に伝送するという重要な役割を担っていた。したがって、前原市の井原鑓溝《いはらやりみぞ》遺跡から出土した、後漢初期の鏡一八面、巴形銅器、鉄製の刀剣類、鎧のような鉄板、大量の水銀朱などが副葬品として発掘されているが、こうした遺品は当時の交易の産物であったろうと思われる。これらの遺品から、おそらくこの遺跡は倭国王帥升《すいしょう》を葬ったものではないかといわれている。

ところが、このイト国連合国家（寺沢薫はイト倭国という）は二世紀後半から急速におとろえていった気配がある。それというのも、イト国の権威を支えていた後漢が、王朝内部の腐敗と黄巾《こうきん》の乱によって没落への道をたどりはじめたからであろう。歴史上では「桓霊の間（一四七～一八九年）」といって、国が乱れた代名詞のように使われている。また、この後漢の混乱に乗じて、朝鮮半島にも北方民族がたびたび侵攻し、やがて遼東半島の公孫《こうそん》氏《し》が楽浪郡を支配するようになった。こうした東アジアの危機的情勢によって、イト連合国の権威がおとろえ、それに代わる首長国をめざした国々の争いが、倭国の大乱へと発展していったのではなかろうか。それを記した記録が『魏志倭人伝』には次のように書かれている。

「その国、本《もと》また男子を以て王となし、住《とど》まること七、八十年、倭国乱れ、相攻伐《こうばつ》すること歴年、乃《すなわ》ち共に一女子を立てて王となす。名付けて卑弥呼《ひみこ》という」

新たな統一国家の首長が女性というのも奇妙なことだが、北九州のイト連合国から、いきなりその首都が、ヤマタイ国に擬せられる奈良盆地の東南部、現在の桜井市纏向《まとむく》地区というへんぴなところに遷ったというのも意外な気がする。もっとも、ヤマタイ国を大和地方、奈良盆地とするには、さまざまな異論があることは周知のことである。ともかく、そこにヤマタイ国があり、やがて大和朝廷として、今日の日本の政治体制の基礎が生まれたということになるのだが、そのいきさつについては第二章でまたふれるとして、さしむき文字の発生についてみることにしよう。

日本語を語るのに、なぜ日本の歴史を語らなければならないかというと、日本には文字がなく、その歴史を記した文字は中国や朝鮮半島から移入したものだからである。その移入が歴史上、形をのこしているのが統一国家をつくりあげたヤマト王権（寺沢薫の表記）である。

奈良県天理市の石上神宮《いそのかみ》には、刀身の両側に三つずつ枝剣のついた《七支刀《しちしとう》》という刀がつたえられている。その刀身に金象嵌《きんぞうがん》された銘文六一文字がある。

【表】「泰和四年五月十六日丙午正陽造百錬鋼七支刀□辟百兵宜供侯王□□□□□作」
【裏】「先世以来未有此刀百済王世子奇生聖□故為倭王旨造傳示復世」
（□の字は判読しがたいので、推定した文字である）

泰和四年は紀元三六九年であり、『日本書紀』によれば、神功皇后の時代にあたるということだが、神功皇后は架空の人物ということらしいので、応神天皇の一つ前の天皇（仲哀）に、百済《くだら》の肖古王が援軍のお礼として贈ったものということである。大意を訳すと、

【表】「泰和四年五月十六日ひのえうまの正陽、鍛えに鍛えた鋼でこの七支刀をつくりました。この刀は百兵をも打ち破る力があります。謹んで侯王にさしあげます」
【裏】「かつて見たこともないこの刀を、百済王と皇太子の奇生聖□が倭王のためにつくりました。願わくば、後世まで伝えられんことを」

というものである。古代史の資料からみるかぎりでは、こうした文字の世界は四世紀前半までは中国から、四世紀後半からは百済から伝えられていたということである。それというのも、その頃から日本に統一国家が生まれ、それによって外交と軍事を積極的に展開していったからである。五世紀になると、中国の史書『宋書』に、ふたたび日本の記事が書かれるようになった。

「高祖の永初二年（四二一年）、詔して曰く、倭讃、万里貢を修む。遠誠宜しくあらわすべく、除授を賜う可し」

「太祖の元嘉二年（四二五年）、讃、又司馬曹達を遣わして表を奉り方物を献ず」

これは、中国皇帝に叙爵を求める倭国の上表文にたいする答申である。こうした活発な活動が、讃をはじめ、珍、済、興、武とつづいている。武（雄略天皇）の上表文は『宋書』に残っているが、なかなか立派な漢文で書かれているということである。こうした文章は渡来人によって書かれたものと思われるが、おそらく、ヤマト王権は優秀な渡来人たちをブレーンとして抱えていたのではなかろうか。それは外交にかぎらず、倭国内の統一にもまた、大王《おおきみ》の口答をつたえる文書が必要であり、その案文にかれらがあたったと思われるからである。こうした王権の政令は宣命文《せんみょうぶん》といって、和風漢文で書かれており、ヤマト文字発生の先達となった。こうした国家的な要請からはじまった日本語の胎動を、わずかに残された遺品からみてみよう。

一九七八年、埼玉県行田市の稲荷山古墳から出土した刀剣を、奈良の文化財研究所で保存処理したところ、象嵌《ぞうがん》された一一五の金文字がうかびあがってきた。刀剣の表に五七文字、裏に五八文字の銘文である。

冒頭に〈辛亥年〉という干支があり、紀元四七一年にこの刀剣がつくられたことが知られる。原文は省略して、大筋だけ紹介すると、阿部氏とおもわれる氏族の先祖の〈意富比垝《オホヒコ》〉大彦の表音文字から始まる八代の系譜が書かれている。すでにこの頃から、古代語〈縄文時代から使われていた言葉〉の仮借《かしゃ》が行われていたようである。奈良時代の万葉仮名からすれば、ほぼ三〇〇年も前の日本語表現である。この銘文で、いまひとつ注目すべきことは、この八代もつづく家は《杖刀人《じょうとうじん》》の長として大王《おおきみ》家につかえた家柄であるということが書かれている。杖刀人とは、中国の役職で、主として豪族の子弟たちが、王の護衛をつとめる役で、和語では〈たちはき〉という。また大王《おおきみ》の名として《獲加多支鹵《ワカタケル》大王《おおきみ》》という雄略天皇の尊号が記されている。ここでもまた、ワカタケルという固有名詞は漢字にはないので、一字一音の表音文字が使われている。この銘文は立派な文章で、和漢両用に精通した書記が書いたものであろうといわれている。そうした知識人がヤマト王権にはすでに存在し、彼等によって日本語の表記法は少しずつ進められていたものと思われる。

この刀剣の銘文が解明されたことによって、おなじころ出土した熊本県江田船山古墳の鉄刀の銘文も読みとることができるようになった。その銘文は、刀の峰の部分に七五文字が銀で象嵌《ぞうがん》されている。解説すると《獲加多支鹵《ワカタケル》大王《おおきみ》》の世に、无利弖《ムリテ》が《典曹人《てんそうじん》》として大王《おおきみ》に仕えたことが書かれている。典曹人《てんそうじん》とは、中国の役職で、王宮の書記のことである。和語では〈ふみつかさ〉という。この銘文の最後に、刀を作ったものの名がある。伊太加と書かれているが、尹《イン》氏と呼ばれる渡来人の工房で、多加という人が作ったと解釈される。また銘文の作者は張安という人が書いたと表記されているが、その名前からすると宋の人と思われる。これらのことから、鋳造の技術も、日本語の表記も、渡来人によって開拓されたということが推察される。かれらはのちの帰化人の祖先であり、大和朝廷の官司として日本の支配層にぴったりとくっついていたようである。いや、むしろヤマト王権が中国の支配体制をまねるのに、欠かせない存在であった。

ワカタケル大王《おおきみ》が『日本書紀』の雄略天皇であることは、中国の『宋書』倭国伝に、倭王武が宋の順帝に上表文を奏上し、倭王に叙せられたという記録（四七八年）からも明らかである。これらの資料から、大和朝廷の成立はおよそ五世紀はじめころだろうということと、その支配体制は中国の官僚制度をまねたものであることが推定できる。こうした中国史による客観的な資料から、これまで『日本書紀』はそれが書かれた時代（七二〇年）の視点によって歪曲《わいきょく》されたものとして、その信憑性《しんぴょうせい》がうたがわれていたが、意外に各時代の歴史的事実をつたえているのではないかと再評価をされるようになった。

ところで、こうした刀剣に書かれた文字だけでなく、時代はすこしさがるが（七〜八世紀頃）、木簡に毛筆で書かれた資料が大量に出土し、中央の官司だけでなく、地方の役人の文字化の状況も知られるようになった。最初に木簡が出土したのは、一九六七年、藤原京跡から《己亥年十月上挟国阿波評松里》という年貢の荷札がみつかり、古代史に大きな衝撃をあたえた。己亥年《きがいねん》は文武朝三年（六九九年）にあたり、この木簡から、このころすでに、地方の官庁で文字が使われていたことがわかった。また一九八八年には天武天皇の孫にあたる長屋王の邸宅跡（平城京）から、三万五千点の木簡が出土している。これらの資料は、目下調査中ということで、当時の政治の実情がわかるのではないかと期待されている。地方では、静岡県の伊場遺跡をはじめ、徳島県の観音寺遺跡、長野県の屋代遺跡群などから大量の木簡が出土しているが、現在まだ整理されていないということである。そのひとつ、屋代遺跡からは《郡符《ぐんぷ》》という木簡が見つかっているが、それには上級の役所から下級の長、たとえば郷長（当時の村長）や里正（五十戸の長）への命令文が書かれている。また、秋田県の秋田城跡からは《文選《もんぜん》》木簡、つまり〈文書作成の手引き書〉といったようなものが出土している。ということは、地方の役人もまた文字を勉強しなければならなかったのであろう。観音寺遺跡や屋代遺跡群からは《論語》の一部を写したものも出ている。滋賀県の北大津遺跡から出土した木簡には、漢和字典を写したような《字書》または《音義》木簡が見つかっている。一例を紹介すると、

〈賛〉という字の下に、小さく〈田須久〉と書いた文字がある。これはどういう意味かというと、〈賛〉という漢字を〈たすく〉という訓で読ませるという、和語への翻訳である。〈賛〉がなぜ〈田須久〉かというと、中国語の賛sunは〈協賛する〉〈援助する〉という意味で使われているが、それは和語では〈輔く〉〈救う〉、つまり〈田須久〉という読みになるというわけ

である。

木簡には、大きく分けて二種類がある。一つは文書木簡で、役所の命令、伝達、帳簿の記録などである。正式には、正倉院文書として残されている。しかし、実地に木簡の調査にあたった犬飼隆によると、公文書とちがって、木簡は漢文をより日本語化した変体漢文で書かれているので、日本語の成立を知るためには貴重な資料であるということである。その一例として、滋賀県西河原森ノ内遺跡の木簡を紹介しておこう。七世紀後半に書かれたものであろうという。

「椋《くら》の直《あたい》伝う。我が持ち往《き》たりし稲は、馬得ぬ故《ゆえ》に、我は返り来し。故《かれ》、汝卜部《なんじうらべ》、自ら舟の人率《い》て行くべし。其の稲の在処《ありか》は、衣知《えち》の評《こおり》の平留《へる》の五十戸《さと》の旦波博士《たにわのふひと》の家ぞ」

原文は漢文で書かれているが、語順はほとんど和語のとおりに読める。地方の下級官吏が同僚にあてて書いた手紙木簡である。この変体漢文は、基本的には『古事記』の文章とおなじである。公式によらない、気軽な日本語の表現が漢字化されて、日常的に使われていたという発見は、この時期に日本語の表記法ができつつあったことを示唆する貴重な資料である。なお、旦波博士《たにわのふひと》という氏姓は渡来系であり、中央にかぎらず、地方の官吏にも語学のできる渡来人が登用されていたことが知られる。また、律令では郡となるが、この頃は評《こおり》といっていたようである。そして五十戸をサトと読むのは、里（村）が五十戸単位で構成されていたからである。里と書かずに五十戸としたのは当時の慣例にしたがったものであろう。

木簡のいま一つは、付札木簡である。これは地方から朝廷に納める調・庸の貢物につける付札で、国名・郡名・里名・人名・数量・年月日が書かれている。出土する木簡のほとんどはこの付札である。地方から送られてきた荷をほどいたあと、不要なものとして捨てられたか、削って他に転用されたようである。それがたまたま、湿気の多いい溝や池などに投げ込まれたものが今日まで残っていたというわけである。

ともあれ、こうして七世紀後半の文字化の様子が知られるようになった。そして日本語の元祖である古代語が、漢字や漢文で表記されるという手法の端緒がはじまったのである。それがさらに、平安時代の〈かな文字〉となるまでには四～五〇〇年の年月を必要とするが、その前にひとつの段階として、変体漢文や訓読漢文で書かれた書物ができている。『古事記』（七一二年）や、『日本書紀』（七二〇年）、また『万葉集』（奈良時代後期）などである。これらの書物の内容についてふれることはできないが、日本語化への苦心のあとをたどってみることにしよう。

四、日本語への変身

縄文語もしくはヤマト語が漢文に翻訳されるためには、いくつかの法則がある。その規則は、むろんいっきにできあがったものではなく、およそ二～三〇〇年の歳月を要している。五世紀後半（四七一年）に、刀剣に漢字で表記された文字に、漢文では表現できない固有名詞がある。それをどう表現するかについては、かなり頭を悩ませたにちがいない。おそらく、渡来人もしくは朝鮮半島から来た学僧などによるアイデェアによるものであろうが、漢字の意味とは関係のない【音】だけの表記によって、それを表現するという方法を考えだしている。ワカタケル大王《おおきみ》についてはすでに紹介したが、おなじ刀剣の銘文に〈意富比垝《オホヒコ》〉—大彦の音表記や、〈乎獲居臣《オワケノオミ》〉—オワケの臣という固有名詞が漢字の音で書かれている。こういう手法を【仮借】といい、のちの〈万葉かな〉へと受けつがれていった。しかし、この銘文は相対的には漢文調で書かれている。たとえば、〈治天下〉という一文があるが、これを和語で読むと〈天の下しらしめす〉となり、変体漢文で読むと〈天下を治む〉となる。だが、この銘文が書かれた時代には、おそらく漢文読み〈チテンカ〉であったろうといわれている。こうして五世紀後半から六・七世紀にかけて、こうした試行錯誤がなんども繰り返され、ひとつの文体をもった文章となったのが『古事記』というわけである。この本を解説するまえに、予備知識として、漢字を日本語に適用するための三つの手法がつかわれていることを紹介しておこう。

一つは【音】である。漢字を音読みにして、日本語の単語としたものが漢語であり、それはもともと外国語だが、現在、日本語の語彙《ごい》の四割は漢語であろうといわれている。わかりやすい例を犬飼隆が『古代日本の文字世界』のなかの「木簡から万葉集へ」で解説しているので、次に紹介してみよう。

「音読みの読み方にもいくつかある。たとえば〈経〉は［経典］のキョウとも読むし、［経験］のケイとも読む。〈行〉は［修行］のギョウとも読むし、［銀行］のコウとも読む。これは中国で、漢字の発音が変化したせいで、六世紀以前の古い中国語がキョウやギョウの音で、いわゆる〈呉音〉である。それ以後の新しい中国語ではケイやコウの音で、これは〈漢音〉である。」

なお、八世紀のはじめまでは呉音がつかわれていたが、しだいに漢音に代わり、現在では仏教の用語などに呉音は少数使われているだけだということである。また、このほかにも〈唐音〉とか、〈古韓音〉とかがあるが省略することにする。

いま一つの方法は【訓】である。これがヤマト語の漢字表記として、日本語成立の最大の役割をはたしている。ふたたび、前書から引用してみよう。

「二つ目は〈訓〉である。〈音〉は中国語をなまって、日本語にしてしまったわけだが、〈訓〉は漢字とおなじ意味の単語が日本語にあれば、それに当てはめるというものである。たとえば、中国語で〈山〉はsunと発音し、これをなまってサンと音読みにするが、和語におなじものを指すことばに［やま］ということばがあったので、〈山〉を［やま］という和語の読み方にあてはめて、日本語化した。これがいわゆる漢字の訓読みである。こうして漢字が日本語の文字となったとき、文章もまた、漢文をヤマト言葉の語順（主語＋目的語＋動詞）にしたがって書き表すようになった。いわゆる変体漢文という手法で、文章そのものも日本語化していったわけである。その最初の集大成が『古事記』である。」

このようにして、いまわたしたちが使っている日本語がつくられたわけだが、中国語という異国のことばをヤマトことば、もしくは縄文人ことばに翻訳して、独自の言語をつくりだした古代人の知恵と努力は敬服に値するといわなければならないだろう。それはむろん、帰化人の力に負うところが多かったが、彼等を活用し、日本語として大系化したのは、やはり大和朝廷をとりまく官僚機構と帰化人との一体化によるものである。

三つ目は【仮借】という方法である。これはすでに説明したので省略するが、たとえば『魏志倭人伝』の〈卑弥呼〉という固有名詞も、［ヒミコ］もしくは［ヒメコ］というヤマトことばを、『魏志』の編者が〈仮借〉の手法で、漢字に翻訳したもので、それがそのまま、今日でも日本語として通用しているのである。邪馬台国も、おそらく［ヤマト］の漢字音であろう。

「この〈仮借〉が日本語に定着して〈万葉かな〉になった。万葉仮名というのは、『万葉集』に多く使われているのでこの名がついているが、『古事記』や『日本書紀』の歌謡なども仮名で書かれており、そのほかにも広く使われている。使い方からみると、日本語の発音をあらわす仮名であるが、字としては漢字である。この万葉仮名を簡略化したのが、平仮名・片仮名だが、〈かな〉ができたのは時代がさがって、平安時代のことである。」（前掲書による）

こうしたさまざまな手法を使って、縄文人もしくは弥生人のことばを文字化しようとこころみたわけである。そのひとつの結実が、七一二年に撰上された『古事記』である。ついで、七二〇年に書かれた『日本書紀』は、漢文に模して書かれている。したがって、その後の漢学のテキストとして、ヤマト王権や官吏、また仏教を学ぶ僧侶たちによって、営々と読みつがれてきた。ところが、『古事記』になると、一句のなかに音と訓の漢字がまざるとか、訓だけで書かれている箇所や、一字一音式の仮名遣いなど、その文体はさまざまであった。それは、当時使われていた古代語をできるだけ忠実に表記しようとした太安万侶《おおのやすまろ》の苦心の結果である。こうした変体漢文のために、社会的にはほとんど顧みられることはなかった。この書物が、日本の古代の言語を伝える唯一の貴重な文献であることを世に紹介したのは、なんと『古事記』が書かれてから一〇八〇年後のことである。この経緯については、のちほどくわしく紹介するとして、こうした日本語の成立に欠かせない時代的背景について、いましばらく考察してみることにしよう。

第二章　大和朝廷の成立

わたしが最初に習った日本の歴史は、高天原《たかまがはら》から高千穂の峰に天孫降臨した邇邇芸命《ニニギノミコト》の子孫が、豊葦原瑞穂国《とよあしはらのみずほのくに》（日本国）を治めることになったということであった。そして、神倭伊波毘古命《カムヤマトイワレヒコノミコト》が日向《ひゅうが》の国から瀬戸内海をとおって、難波《なにわ》（大阪）に上陸し、大和の国に入ろうとして、その国の豪族、ナガスネヒコに阻まれ、苦戦の末にやっと大和入りして、畝傍《うねび》の橿原宮《かしはらのみや》で即位し、日本の初代神武天皇《じんむてんのう》となり、それが今日までつづく万世一系の天皇家であるということである。まことにロマンチックな創世記で、物語としてはよくできている歴史であった。これは、なんの根拠もなく創られた物語ではなく、日本で最初に書かれた『古事記』と『日本書紀』とを基にしてつくられたものである。したがって、奈良時代から昭和二〇年の敗戦の日まで、一二〇〇年余りにわたって語りつがれてきたという歴史的時間の重みを感じさせる物語である。それを今日の歴史は根底からひっくり返し、実際はどうであったのかということを実証的に検証し、有りえたかも知れない日本の現実として書き変えられている。その手掛かりとなるものは、埋没している遺跡の発掘と、故実や木箇などの記録によるものと、いまひとつは中国や朝鮮半島の史実による傍証である。もっとも、その根幹となるものは、すでに書かれている記紀による記述だが、それがどこまで事実に即して書かれているかを検証することも重要な実証的作業である。そこでまず、大和朝廷の原点となった奈良盆地の様子からみていくことにしよう。

一、倭国のあけぼの

奈良盆地に最初に入植してつくられたムラは、大和川をさかのぼって、その支流の初瀬川の中流あたりと思われる。紀元前三世紀の前半ころのことである。そこには唐古《からこ》・鍵《かぎ》遺跡を中心とした大集落跡がみられる。おそらく、ここがヤマト政権の原点ではなかったかと推定されている。当時の奈良盆地は、広大な照葉樹林帯であったが、初瀬川、飛鳥川《あすかがわ》、葛城川《かつらぎかわ》など、多くの河川にめぐまれ、稲作に適した低地がひろがっていた。前三世紀後半になると、磯城《しき》を中心とした母集落があつまり、大共同体ができている。また、葛城《かつらぎ》を中心としたいくつかの小共同体や、北部層富《そふ》にもまた集団がまとまりつつあった。これらの集落は、各河川にそって定着した農耕集落であり、耕地のひろがりに応じて分村したムラと呼ぶのがふさわしいような小さな集落が二十三あり、おなじ水系でまとまったクニといえるような大共同体が九つあったことが、最近の調査であきらかになった

(『王権誕生』寺沢薫)。

この奈良盆地の大共同体が、北部九州のクニグニ(まだ国というほどのまとまりはない)と違っている点は、抗争によって耕地をひろげたのではなく、母集落を拠点に分村し、新しい耕地を開拓することによって、領土をひろげていったことである。この集落構成のありかたが北部九州地区と違っていることは、のちにヤマト王権が融和によって全国支配をはたすようになった基本的な要因であったと思われる。

紀元前三世紀から紀元後一世紀前半まで、日本では、北部九州の玄界灘沿岸の国々(奴国《なこく》二万戸・伊都国《イト》数千戸・末盧国《マツロ》四千戸・投馬国《トウマ》五万戸・邪馬台国《ヤマタイ》七万戸・狗奴国《クナ》)が栄えていたと『魏志倭人伝』には書かれている。ところが、投馬国・邪馬台国・狗奴国への行程の記述には、距離と方向がちがっていて、九州かそれとも大和か、その所在が推定できないまま今日に至っている。それというのも、『魏志倭人伝』は、直接日本を歴訪して書かれたものではなく、西晋《せいしん》の陳寿《ちんじゅ》が魏の魚豢《ぎょげん》という人の書いた『魏略』という本を参照して書いたものだからである。むろんそれだけではなく、二四〇年代に、朝鮮半島の帯方郡の役人が二度、日本を訪れ(おそらく北部九州の伊都国であろう)、その見聞を魏に報告しているので、それもまた参考にしただろう。また、日本からも何回か洛陽に使節(邪馬台国の大夫)を送っているので、彼等から聞いた話もふくまれていると思われる。その点、当時の風俗習慣を知ることのできる貴重な記録という一面はある。だが国の仕組みや、戸数、また歴史的な出来事などになると、どこまで信頼できるか疑わしいが、それにしても、言語による記録としてはこれ以外にないので、古代日本を知るうえで欠かすことのできない資料であることは言うまでもない。

すでに紹介したように、弥生時代になって、二世紀後半ころ、「倭国は乱れ、互いに攻伐すること歴年に及んだ」という『魏志倭人伝』の記事がある。それまではイト国を中心に比較的平和な共存がたもたれていたのではないかと思われる。なぜこの時期に国が乱れたのか、推測の域をでないが、ひとつは、中国や朝鮮半島の争乱に乗じて、日本国内でも覇権をあらそったのではないかという推測がある。しかし、交通の不便な遠い国の、情報もとぼしい時代に、外国からの影響があったと考えるのは、いささか考えすぎのようにおもわれる。やはり、稲作による社会の成熟と人口の増加、それにともなう権力の強化など、社会的な要因によるものと考えたほうが実情にちかいのではなかろうか。ところが奇妙なことに、倭人伝の先の記事にひきつづいて、「そこで一女子を王として共立したが、その名は卑弥呼という」と書かれている。つまり、このとき全国統一のヤマタイ国またはヤマト王権が誕生したというわけである。それにしても、なぜ女王でなければならなかったのか、その説明はむつかしい。しかし、そこには倭国の独特の政治情勢、つまり、縄文人、弥生人、渡来人という混成民族国家の特性とでもいうべき事情があったのではないだろうか。

この時期を〈倭国大乱〉と魏書には書かれているが、各国が相争ったという遺跡とか形跡とかが、現実に発掘されていないと寺沢薫は『王権誕生』でいっている。むしろそれよりも、倭国以前の未開の段階で、紀元前後のクニから主権国へと成長する時期に、かつてのムラやクニがその防衛のために、居住地域に二重の濠を掘った遺跡がみられることである。それを今日復元したものが、佐賀県吉野ヶ里の環濠集落である。一世紀中頃に栄え、二世紀には亡びたのではないかといわれている。その集落の中央には望楼がもうけられ、常時監視の見張りがたって、敵の来襲にそなえていたようである。また、そこから発掘された甕棺には、戦いで傷ついた遺骨が何体か葬られている。こうした戦傷者は吉野ヶ里にかぎらず、西日本の各地の遺跡から出土している。たとえば、山口県土井ヶ浜遺跡、近畿地方では大阪府の山賀・雁屋・勝部遺跡、神戸市の玉津田中遺跡などがそれである(『日本人のきた道』池田次郎)。こうした各地のクニグニ"「倭人は百余国に分かれ……」と『漢書地理志』に書かれているクニ"による争乱の時代をへて、やがて「今使譯の通ずるところ三十国」と陳寿が『魏志倭人伝』に書いているところをみると、この頃にはすでに倭国の統合はかなりすすんでいたのではなかろうか。

ところで、この環濠集落は一世紀前半ころから、大規模な巨大環濠集落へと進展していったようである。たとえば、奈良盆地の唐古・鍵遺跡では、幅一〇〇メートルの環濠帯をふくめて三〇万平方メートルもの大集落跡が見られる。これはあきらかに、防御をつよめる必要のある社会的危機の状況があったものと考えられる。それはまた、西日本にかぎったことではなく、濃尾平野の朝日遺跡、横浜市大塚遺跡などにも見られ、東北地方をのぞいて、東日本一帯へと伝播していったようである。こうした現象は、水稲農耕にともなう社会の変動と密接にむすびついているものと考えられる。これは縄文時代とは決定的に違う弥生時代の歴史的転換を意味するものといえるだろう。つまり耕地や水路の確保によって、農耕生産の安定をはかる必要があった。また、食料の増産によって、人口も急速に増大していったようである。そのために、地域を統率する首長が選ばれ、支配地をひろげる戦いが始まったのではないだろうか。

この環濠集落は、時代がすすむにしたがって、低地から小高い丘陵地へと移っている。それが単なる防衛的なものなのか、あるいは水田耕作に必要な平坦な土地を確保するためなのか、または耕作民を監視するという階級的な意味合いなのか、そこらははっきりとしないが、共同体の規模が大きくなっていったことはたしかである。吉野ヶ里遺跡はこの第一次高地性集落に属するものと考えられている。また、各地の大共同体は一世紀後半から二世紀前半にかけて、さらに小高い第二次高地性集落へと移っている。少数だが、戦国時代の山城をおもわせるような集落もある。瀬戸内海沿岸では、岡山市貝殻山遺跡（標高二四〇メートル）、香川県坂出市の烏帽子山遺跡、兵庫県淡路町塩壺西遺跡、奈良県御所市巨瀬山遺跡などがある。

その分布地図をみると、瀬戸内海沿岸から奈良盆地にかけて密集しているが、ふしぎなことに北部九州の先進国にはほとんど見られない。ということは、瀬戸内海沿岸地区のクニグニはナ国やイト国などの先進勢力が瀬戸内海へむかって進出するのを警戒するという防御的な意図があったのではなかろうか。たとえば、ナ国王が後漢に朝貢して、光武帝から「漢委奴国王《かんのわのなのこくおう》」という金印を授かった（紀元五七年）ことも、西日本支配の野望と無縁ではないだろう。さらに一〇七年には、

「倭の国王帥升《すいしょう》ら、生口《せいこう》百六十人を献じ、請見を願う」

という記録が『後漢書東夷伝』にある。生口とは奴隷のことで、おそらく戦乱のつづくころ、戦争に負けて捕虜となったクニの住民であろう。こうした噂はただちに瀬戸内海地域にひろまり、共同体の首長に警戒心をいだかせたのではないだろうか。この強力な倭の国王帥升《すいしょう》とはいったい誰だろうか。ヤマタイ国の男王とするには、それらしい遺跡が見当たらない。『王権誕生』の著者寺沢薫は、イト国の王ではないかと推定している。その根拠は、この時期に相当する国王の墓がある福岡県前原市井原鑓溝《いばらやりみぞ》遺跡から出土した豪華な副葬品が、後漢初期の品々であることから、帥升《すいしょう》が朝貢のとき、安皇帝から下賜されたものではないかと考えられるからである。後漢の皇帝は、帥升《すいしょう》を倭の国王と認めていたようである。たしかにこの頃、北九州地区の国々の連合共同体が出来上っていただろうと寺沢薫は推定して、それを〈イト倭国〉と名づけている。なぜなら、三世紀初め、ヒミコを王として誕生する新生倭国、つまり〈ヤマト倭国〉と区別するための仮称である。

このイト倭国が、西日本の各地の共同体に防衛的な環濠集落をつくらせたことは遺跡から推定されるが、同時にまた、イト倭国に対抗して、各地区に連合共同体を構成する機運が生まれたようである。それを推測させるものは、二世紀後半になると、濠を持っていた集落がそれを埋めたてて、より広い共同体としての首長連合体を形成するようになったことである。たとえば、山陰地方では出雲共同体、瀬戸内海では吉備共同体、そして奈良盆地のヤマタイ国共同体などが、力を結集することによって、イト倭国の支配を阻止する必要があったからではなかろうか。こうした政治的動向を推測させるものとして、各地区の首長を埋葬したとおもわれる大規模な墳丘墓の遺跡がこの時期にみられることである。その発掘が今日おこなわれ、日本のあけぼのが次第にあきらかになりつつある。

さて、イト倭国の王都は福岡県前原市の三雲遺跡だが、そこから一・二キロメートル北西にある平原遺跡の王墓から、イト倭国最後の女性祭祀の首長とおもわれる遺品が発掘されている。なぜ女性祭祀者かというと、副葬品に鉄製の武器がほとんどなくて、耳飾りや大量の玉や鏡が出てきたことである。また、埋葬者の足元には七〇センチメートルもある巨大な柱穴のあとがあり、おそらく一五メートル以上の柱が太陽のでる日向峠へむいており、柱の先に祭壇とおもわれる建造物の跡も残っている。また、なぜこの王墓がイト倭国の衰退を予測させるかというと、その後これに匹敵する王墓がみられなくなったということと、それに反して西日本各地に、強力な首長連合体があらわれていることである。それに伴って、かつて刀剣や農機具など鉄製品の輸入を一手に引き受けていたイト倭国に頼らず、直接自分たちの手で朝鮮半島の諸国から調達するようになったという事情がある。その時期を寺沢薫は、平原遺跡の副葬品などから紀元二〇〇年前後と推定している。

こうしたイト倭国の衰退は、広域にわたる稲作社会の発展にともなう必然的な要素でもあるが、同時に東アジアの混迷にも起因している。かつて、強力なうしろだてとなっていた後漢が、一八四年におこった〈黄巾《こうきん》の乱〉によって混乱し、羌族《きょうぞく》の反乱の鎮圧や北方民族の侵攻に加えて、王朝内部でも権力闘争がつづき、一九〇年には後漢王朝は事実上滅亡してしまった。また、遼東半島の太守公孫度《こうそんたく》が独立し、その子が朝鮮半島の楽浪郡《らくろう》を支配下におき、その南に帯方郡《たいほう》を設けた。イト倭国がこうした状況にとまどっているなかで、国内の各地区で首長連合が力をえて、独自の外交をすすめたのではなかろうか。それを『魏志倭人伝』では、〈倭国大乱〉というふうに解釈したのであろう。しかし、実際には、戦乱の痕跡は見られないし、また戦いによって勝ち残った共同体が連合体をつくったのでもない。むしろ、この時期、各地区の首長による話し合いによって、イト倭国にかわる西日本を代表する新しい統一倭国が誕生したようである。もっとも、直接それを知る資料はないから、単なる推測にすぎないが、たとえば西晋の陳寿が書いた『魏志倭人伝』の、

「……乃ち共に一女子を立てて王となす。名づけて卑弥呼という」

という一節があり、〈共に〉というところに、合議のうえで、女王ヒミコを選んだということで

あろう。だが、それがなぜ女性なのか、またヒミコはヤマタイ国の女王ではなかったのか、その他の首長連合国はどうしていたのかなど、未解決な疑問はいっぱいある。その疑問を解くひとつの鍵は、今日残されている首長の墓とおもわれる墳丘墓の発掘によるほかない。

まず、山陰地方の墳丘墓からみてみよう。出雲市の西谷墳丘墓、安来市の塩津墳丘墓、そして鳥取市の西桂見墳丘墓が、各地区の王の墓と思われるが、それらを統合した中心の西谷墳丘墓は、四隅に突出部をもつ特異な墳墓である。これは後の、ヤマト王権を象徴する前方後円墳の先例となったものとして注目されている。さらに興味深いことは、イト倭国の平原遺跡に葬られている女性祭祀者と同様な、葬送の儀礼が行われたらしい遺品や柱穴が見られることである。しかも、この葬送の儀式には、山陰地方はむろんのこと、北陸地方の一部の首長や吉備の首長たちも参加していたことが、その遺品の土器などから推測されている。

なお、紀元は少しさかのぼるが、島根県斐川《ひかわ》町の荒神谷遺跡から三五八本の銅剣が発掘（一九八四年）されて話題をよんだことがある。これは二世紀中葉に用いられた祭器だろうといわれている。調査の結果、この銅剣の数と出雲を中心とする四つの郡の神社数と同数であることがわかった。つまり、古代人は神社を中心とした共同体を政治集団の単位としていたということである。またこのほかにも、鳥取県淀江《よどえ》町大山の妻木晩田《むきばんだ》遺跡（一九九八年の発掘）からは吉野ヶ里に匹敵するような楼閣が発見され、ここにも伯耆《ほうき》王国とでも呼ぶような大共同体があったことが知られる。この出雲と伯耆《ほうき》との共同体は、新生倭国誕生まではゆるやかな連合体を構成していたのではないかと考えられる。

ついで、吉備地方では倉敷市の楯築《たてつき》墳丘墓が岡山平野の国々の連合国首長の墓としての風格をそなえている。長さが八〇メートル、高さが五メートルの大規模な墳丘墓で、のちの前方後円墳と共通する要素を多くそなえている。また、山陰地方の平原遺跡や西谷墳丘墓と同様の葬送儀礼が行なわれていたことも知られている。いまひとつの特徴は、のちの埴輪《はにわ》の起源となった、高さ一メートルあまりの特殊器台と壺が、三〇組以上も並べられていたことである。この特殊器台は、かつての祭器であった銅鐸《どうたく》をうけつぐものではないかといわれている。そのほか、脚付きの壺や高杯が多数出土しているが、これは葬儀に参列した近隣の首長たちが、飲食をともなう葬送の儀式をとりおこなった遺品ではないかと思われる。これらの祭祀は、共同体の守護霊として祭られる《首長霊》を、後継者や近隣の首長らがうけつぐための厳粛な儀式でもあったのだろう。こうした部族連合が日本各地にできつつあったことは、やがてヤマト王権による倭国統一へのきざしが芽生えつつあったことを示唆するものである。

では、ヤマト王権発祥の地である奈良盆地の状況はどうだったのだろうか。弥生時代のはじめから、安定した集落をいとなんできた唐古《からこ》・鍵《かぎ》遺跡は、環濠集落の必要がなくなった二世紀中頃から衰退し、小規模な村に分散していったようである。そして、三世紀の初め頃、三輪山と巻向《まきむく》山との間のやや小高い扇状地に、突然、纏向《まきむく》遺跡が姿を現したのである。この遺跡は、これまでの集落とはまったくちがって、一・五キロメートル四方におよぶ、集住のための広い住居跡がうかがわれる。つまり農村を主体にした集落ではなく、政治的中心都市としての《王都》として建設されたものと考えられる。町の東側には二・六キロメートルにおよぶ運河が掘られ、その両岸はヒノキの板で護岸工事がほどこされている。しかも、その板は柱にホゾを彫って、はめ込み式という高度な技術が使われている。運河は大和川に通じていて、纏向《まきむく》から難波津《なにわつ》をへて、瀬戸内海各地や北部九州沿岸部、また朝鮮半島諸国や中国との交易のための大切な交通機関でもあったのだろう。纏向遺跡から、祭祀用の小型引き舟が多数出土しているところからみて、おそらく運河を行きかう運搬船の安全を祈願したものと思われる。この王都が、一国の力で建設されたものではないことを推測させる遺品がある。それは大量に出土する土器の一五パーセントが、ヤマト以外の地から持ち込まれていることである。そのうち約五〇パーセントが伊勢湾沿岸部や南関東地区、一七パーセントが山陰・北陸地方、また近畿・吉備・九州からも搬入されている。こうした広域の協力体制は、三世紀末の新生倭国の勢力圏とほぼかさなっている。

しかし、なぜこの時期、この辺鄙な土地に、女性を王として、倭国の統一国家ができたのだろうか。時期については、各地区の首長連合ができつつあったことと、東アジアの混乱と衰退にともなう倭国大乱の危機的状況にあったことなど、すでに紹介したとおりである。また、奈良地区のこの辺鄙な土地については、ここにヤマタイ国という強力な国があったからではないかと思われる。だがそれにしても、邪馬台国については中国の史書で知るだけで、三世紀までそれらしい遺跡も遺品も発見されていない。しかしともかく、なんらかの有力な政治的勢力がなければ、この地に王都が設けられることはないだろう。それについては、また後ほどふれるとして、いまひとつ、国王を女王にしたのはなぜだろうか。これは、さきにみた、山陰地方や吉備の墳丘墓の首長霊の祭祀儀礼にみられるように、初期王権の継承はマツリゴトによってのみ可能であったという、倭国独特（原始社会ではどこの国でもみられる）の慣習によるものと考えられる。その点、鬼道をよくする邪馬台国の巫女《みこ》であるヒミコ以外には考えられなかったのではなかろうか。また実際にも、纏向《まきむく》遺跡には一間四方の高床式斎場跡があり、マツリゴトに使われた器物や供え物が、約七メートルばかり離れた穴のなかに投げこまれている。そのなかには、五斗ばかりの米も発掘されたが、おそらく生米のままカミに供えられたものであろう。また、これはマツリゴトとは関係ないかもしれないが、浄水施設がつくられている。幅二メートル、深さ七〇センチメートルの溝をつくり、集水枡に集めた水を木樋によって必要なところに送れるようになっている。こうした施設は、ミヤコを訪れる各国の首長たちをおどろかせたことであろう。

以上、纏向《まきむく》遺跡の規模や出土する土器などから、ここが新生倭国の王都であったことは疑う余地がない。この王都は、およそ二二〇年頃に建設されたのではないかと推定されている。それにして

も、日本各地の部族連合を統率し、連立政権を樹立した王はいったい誰だろうか。たとえば、『後漢書』の東夷伝《とういでん》によると、

「国、皆王を称し、世々統《よよとう》を伝う。その大倭王は、邪馬台国に居る」

と、范曄《はんよう》が書いているが、邪馬台国の大倭王といえば卑弥呼のことである。それが事実としても容易には納得しがたい。新生倭国は西日本と濃尾平野、関東一円の統治を委任されているのに対して、ヤマタイ国もしくはヤマトの国の場合は奈良盆地とせいぜい河内、葛城《かつらぎ》あたりがその支配下にあったのではないかという先入観によって、よほどの歴史的変転がないかぎり、この二つを結びつけて考えることは困難である。ところが、寺沢薫は『王権誕生』のなかで、明治維新の新政権樹立から類推して、新生倭国は「筑前・備中・播磨・讃岐・のちに出雲」など、西日本各地の部族的連合政権ではなかったかといっている。たしかに、あれだけ強力な徳川幕府を「薩摩・長州・土佐・肥前」の連携によって崩壊させ、明治新政府をつくった歴史の経過から、考えられないことではないかもしれない。しかし、それを演出したのがヤマタイ国の女王ということになると、明治維新とはいささかかけ離れているという気がする。寺沢はそのキャスティングボートをにぎっていたのは「吉備」ではないかといっている。たしかに楯築《たてつき》墳丘墓などから見ると、「王のなかの王」というに

ふさわしい遺跡である。だが、中国の史書はむろんのこと、八世紀に書かれた『古事記』『日本書紀』にも、そうしたことは一切書かれていない。そうしたことも、突然、ヤマト倭国という統一国家が生まれたことが信じがたい理由のひとつである。それはともかく、この時期、新生倭国が誕生したことは否定しがたいことである。それを文献的に裏付けるものとして、『魏志倭人伝』に次のような記事がある。

「景初三年（紀元二三九年）六月、倭の女王卑弥呼は大夫難升米《なんしょうまい》らを帯方郡《たいほうぐん》に派遣し、魏の明帝へ奉献を願う。帯方郡《たいほうぐん》の太守劉夏《りゅうか》は難升米《なんしょうまい》らを魏の都洛陽《らくよう》へ送る。一二月、明帝は詔して、卑弥呼を親魏倭王とし、金印紫綬を授ける」

これで、対外的にも卑弥呼が倭王であることは承認されたわけである。それにしても、魏の明帝まで、日本の国王に女性を認めたのはなぜだろうか。その最大の理由は、中国とちがって、古代倭国の政治体制が《祭政一致》の仕組みであったからではないだろうか。つまり、王権といっても、祭祀をつかさどる祭主としての権威を意味していたにすぎない。マツリゴトは《こと依させ》（妙な言い方だが、古代からの伝承で、憑きもの、または神がかりになること）のできる人によってのみ付託されるという、いわば神秘的な伝承があったものと考えられる。これは墳丘墓のときにも見られたように、統治権はカミから授かるものであって、首長霊の継承は共同体の守護霊を一身に体現しなければならないし、その儀式は各国の首長はじめ各地の豪族たちの参列のもとに、合意されなければならないものであった。それができるのはヒミコをおいてはほかになかったものと思われる。倭人伝の一節に、「卑弥呼は鬼道をよくする」と書かれていることも、このことを意味しているのであろう。しかし、実際の政治は難升米《なんしょうまい》らによって行われていたと思われる。ヒミコが亡くなって（二四八年頃）から、男王が立つと再び内乱がおこり、わずか一三歳のトヨが王となり、倭国の祭主権を受けついでいる、と倭人伝は書いている。こうした国家体制は、ヨーロッパや中国などの権力国家の歴史からはおよそ考えられないことである。だが、その後の日本の天皇制体制には、この原則ははっきりと受けつがれている。たとえば、今上天皇即位の大嘗祭《だいじょうさい》など、今日でも宮内庁儀式として祭主権が存続していることは注目に値する。

二、ヤマタイ国からヤマト王権へ

『魏志倭人伝』には、北部九州の諸国につづいて、投馬《とうま》国・邪馬台《やまたい》国・狗奴《くな》国が登場するが、その位置はいまでも分からない。ただ、「記紀」（古事記・日本書紀）などの文献や古墳などの発掘から、およそトウマ国は吉備地方、ヤマタイ国は大和地方、クナ国は濃尾平野を中心とした部族国家ではないかと推測されている。新生倭国が誕生したとき、それに加わらなかった唯一の国がクナ国である。いや、一旦参加していて、離反したのかもしれない。なぜなら、纒向《まきむく》遺跡の土器には伊勢湾沿岸部のものが見られるからである。もっとも、「倭人伝」に、

「倭の女王卑弥呼《ひみこ》、狗奴《くな》国の男王卑弥弓呼《ひみくこ》と素《もと》より和せず」

とあるから、最初から仲が悪かったのかもしれない。ともかく、二四五年、ヒミコはクナ国との交戦の状況を魏王朝に訴えている。そこで、魏は帯方郡《たいほう》の属官張政を倭に派遣（二四七年）して、詔書と黄幢《おうどう》（黄色い軍旗）を贈り、ヒミコを激励している。間もなく、ヒミコは亡くなるのだが、その後、ヤマト王権になってから、クナ国は屈服したものと思われる。

二六六年、倭の女王が使者を遣わし、西晋へ朝貢したという記事が『晋書・武帝紀』に載っている。このときの女王は、ヒミコのあとをついだトヨではないかと思われる。ところがそれから四二一年まで中国の史書に倭のことは書かれていない。四一三年の朝貢の記事は高句麗の作り事だということである。ともかく、その間一五〇年のあいだに、ヤマタイ国からヤマト王権へと政権がうつり、マツリゴトの祭主から実際の統治者としての大王《おおきみ》へと権力の委譲、もしくは簒奪があったのではなかろうか。それというのも、四二一年の『宋書倭国伝』には、倭王讃《さん》（記紀によると第一七代

履中《りちゅう》天皇と思われる）が朝貢し、武帝から安東将軍倭国王という称号を授かったという記録がある。それからさらに第二一代雄略天皇までの倭の五人の大王が、朝鮮半島をふくめて、東方の軍事支配権を承認してほしいという上表文を宋に提出している。これらの記録から、新生倭国が全国支配のみならず、朝鮮半島の軍事権まで要求するまでに成長していたことがうかがわれる。だが、その間の一五〇年の空白をうめる記録は皆無で、三世紀後半から造成された前方後円墳の遺跡を調査することによって、考古学的な資料を求めるほかない。この時代は歴史上、弥生時代についで古墳時代とよばれ、今日でもその偉容を誇っている。それを検証してみることにしよう。

まず、そうした古墳の初期とおもわれるものに、纏向《まきむく》王都の周辺に造成されたいくつかの遺跡がある。箸墓《はしはか》古墳はそのなかでも最大級で、全長二七八メートルあり、第一〇代崇神《すじん》天皇（ハツクニシラススメラミコトと呼ばれ、初めて国を治めた天皇といわれている）の叔母で、巫女《みこ》でもあった倭《ヤマト》迹《ト》々《ト》日《ヒ》百《モモ》襲《ソ》姫《ヒメ》を葬った墓ではないかといわれている（『日本書紀』）。あるいはまた、それはヒミコの墓ではないかという説もある。だが、ヒミコが亡くなる直前に、クナ国との戦いが始まっていたという魏志倭人伝の記事からすると、こうした大土木工事する余裕はなかっただろうという否定的な見方もある。ところが、一九八九年の調査で、纏向《まきむく》遺跡をへだてた西側にならぶ石塚古墳が、二二〇年頃に造られたものではないかと考えられるようになった。また、二〇〇〇年の調査で、箸《はし》墓《はか》古墳北隣のホケノ山古墳が二五〇年頃、石塚古墳の東隣の東田大塚古墳が二六〇年頃の造成らしいというふうに、古墳の造られた時代はだんだんさかのぼることがあきらかになりつつある。してみると、箸墓《はしはか》古墳がヒミコのものである可能性もきわめて高い。いやむしろ、ヤマトトトヒモモソ姫はヒミコその人ではないかという説もある。

ともあれ、ヤマト王権が連合各国との政治的支配関係を形のうえで残しているものとしては、《前方後円墳》体制といわれるものによって追跡するほかない。そのなかでも、箸墓《はしはか》古墳はもっとも古い前方後円墳の形が見られるが、それは吉備の楯築《たてつき》古墳が原型となっていると考えられる。たとえば、箸墓《はしはか》古墳の後円部には吉備の首長霊継承の祭儀に使われた特殊器台と壺が立てられている。また、石製の呪具《じゅぐ》も見つかっている。したがって、この場所でヤマト王権の継承の祭儀が行なわれたことは間違いない。おそらく、後円墳に前大王《おおきみ》の亡骸《なきがら》を埋葬したのち、前方部で新倭王の即位の儀式が行われ、参列した各国の首長や周辺の豪族たちに、新倭王が倭国統率の権力をカミから〈こ、い、い、と依させ〉せられたことを告げたのであろう。この儀式は、殯《かりもがり》をふくめて、何ヶ月もおこなわれたらしいが、その間、各国の首長たちの異議がないことをたしかめるという重要な意味をもっていたようである。この儀式のあと、前方後円墳の周辺には堀がめぐらされ、この聖域にふたたび人が近づくことのできないようにした。

こうして始まった初期ヤマト王権は、三世紀の後半から四世紀の中頃までは、奈良盆地の東南部の纏向《まきむく》古墳群や大和・柳本古墳群が集中的に造成されていることからして、この地が王権の根拠地であったものとおもわれる。ところが、四世紀中頃から突然、北部の佐紀《さき》古墳群へと移っている。その原因はいまだはっきりとしないが、おそらく有力な豪族を背景とする后の出身地へ移動したのではないかといわれる。古墳造成の労力と資金は莫大な費用を要することから、強力な権力と財力のある豪族の力によらざるをえなかった。佐紀《さき》古墳群でもっとも早く造られたのは《五社神《ごさし》古墳》である。ここには神功《じんぐ》皇后（オキナガタラシヒメ）を葬ったものといわれているが、姫は息長《オキナガ》氏の出身である。息長《オキナガ》氏は奈良盆地の北部、層富《そふ》や南山城、近江南部、丹波にかけての豪族で、また、昔から大王《おおきみ》家とは姻戚関係の深い有力者でもあった。佐紀《さき》にはこのほかにも、垂仁《すいにん》天皇の后ヒバスヒメ陵や仁徳天皇の后イワノヒメ陵など、皇后の古墳が多くみられる。

さらに五世紀になると、王墓は河内平野の南部、現在の羽曳野《はびきの》市から藤井寺市の古市古墳群へと移動し、また隣接した堺市の百舌鳥《もず》古墳群へと移転している。古市古墳群では、歴史の教科書にもしばしば紹介される巨大古墳（四二〇メートル）の誉田御廟山《こんだごびょうやま》古墳がある。そこには第一五代応神天皇が葬られているということになっている。また、そこから一〇キロメートル西には第一級の巨大古墳（四八〇メートル）の大仙《だいせん》陵がある。第一六代仁徳天皇の墓といわれている。

これらの大土木工事を見ると、ヤマト王権が倭国の支配権を完全に掌握していたことがうかがわれる。またこれらの遺跡から、奈良盆地にはじめて生まれたヤマタイ国が、二〇〇年あまりでヤマト王権を樹立し、纏向《まきむく》から河内平野へと進出していった歴史の推移を跡付けることができるといえるだろう。ところが、後期の巨大古墳が造成された五世紀後半から六世紀前半にかけて、前方後円墳は急速に姿を消している。それはおそらく、ヤマト王権が、首長霊継承の祭祀による儀式よって、各国首長の承認をうる必要がなくなったことを意味するのではなかろうか。つまり、王権の継承を、王族の血統によって独自に引き継ぐことができる専制的な権力を、ヤマト王権が掌握したためではないだろうか。ここでいちおう、古墳による考察をおえて、つぎに「記紀」による文献資料から、ヤマト王権の推移をみてみることにしよう。

三、第一次王朝の交代

佐紀《さき》古墳群から河内平野の古市・百舌鳥《もず》古墳群へ移動した原因が二つ考えられる。一つは第一五代応神天皇の代に、王朝が交代したのではないかと思われることである。「記紀」によると、応神天皇は神功皇后が新羅《しらぎ》征伐から帰還する途中、北九州の筑紫で生まれたことになっている。そのとき、大和には腹違いの二人の皇子がいて、父仲哀《ちゅうあい》天皇が遠征の途中で亡くなったので、当然、二人の皇子、香坂《かごさか》王と忍熊《おしくま》王は自分たちが王位をつぐものと思っていた。ところが、神功皇后はそれを認めず、九州で生まれたわが子を王位につけようとして、大和に向かった。二人の皇子はこれを阻止しようとして謀反をおこしたが、失敗して自殺する。こうしたいきさつで、応神が天皇になったと記紀では語られている。むろんこれは記紀編纂の、八世紀以降の創作である。それが文武朝時代につくられたことは、神功皇后が実在の人物ではなく、架空の神がかり的な人物像であることからも推察される。この王位継承の実情は、ヤマト王権を支えていた佐紀古墳群の豪族たち、息長《おきなが》氏や和珥《わに》氏など淀川・木津川流域の豪族たちが、これまで通り大王《おおきみ》家を維持しようとしたのに対して、葛城《かつらぎ》氏や大和川流域に新たな勢力をのばしていた物部《もののべ》氏や大伴氏らが、新王朝（応神系統）を再編し、河内平野への進出をはかったという権力争いの結果だと考えられる。

いま一つの原因は、大和川から河内湖をへて難波津《なにわづ》の港を玄関口とする瀬戸内海航路の重要性がたかまったということがある。四世紀後半から五世紀にかけて、朝鮮半島で、北の高句麗《こうくり》が南下政策をとり、百済《くだら》・新羅《しらぎ》に侵攻してきた。鉄の原料や製品を朝鮮半島南部の国に依存していたわが国としては、経済的な利権を確保するためにも軍事力を投入せざるをえなくなった。そのために、港湾に便利な河内平野にヤマト王権の拠点を移したことは十分に考えられることである。倭国が百済《くだら》の要請におうじて、高句麗《こうくり》と戦い、敗退したことが「広開土王碑」に書かれている。もっとも、そのままを信じることはできないが、ともかく朝鮮半島の情勢は逼迫し、流亡してくる渡来人も多かったようである。かれらは先進的な技術と新しい生活スタイルを身につけていた。大王《おおきみ》家では、かれらを河内潟の湿地帯に集住させ、かれらの力によって、その湿地滞を干拓し、開墾によって、今日のような大阪平野の基礎がきづかれたのである。

一九八七年、大阪城の南の難波宮跡の下層から、五世紀頃に建てられた大倉庫群の遺跡が見つかった。そこはかって、大王《おおきみ》家の財政をささえていた重要な施設であったことが明らかになっている。そうした経済的な基盤のひとつに、渡来人による陶質土器の技術をつかった須恵器《すえき》の生産がこの頃にはじまり、堺市南部に、《陶邑《すえむら》》という須恵器生産の一大センターができ、全国に販売網をひろげていったということがある。また鋳鉄製品の製造も、かれらによってこの地ではじめられている。こうした工業生産の効率は、これまで稲作生産に依存していたヤマト王権の経済的基盤を飛躍的に増大させただろう。これらの製品は、すべて大王《おおきみ》家の手によって各地の市に出荷するという権限により、列島支配の基盤を強固なものとすることができたと考えられる。また、渡来人たちは竪穴《たてあな》住居のなかにカマドをつくり、そこで煮炊きするという新しい生活スタイルをもちこんだ。そのカマド住居は、これまでになかった快適な生活の改善をすすめ、たちまち全国へと普及していった。

こうした先進的な事業や技術は、ヤマト王権の権威をいっそう高め、同盟各国への支配権を確固としたものとしただろう。「記紀」によると、応神天皇から仁徳天皇、そして中国の『宋書』に紹介されている倭の五王の時代、ほぼ四〇〇〜四八〇年のあいだに、大和朝廷と呼称される支配体制が確立したようである。五王の最後のひとり、ワカタケル大王《おおきみ》は埼玉県稲荷山古墳と熊本県江田船山古墳からそれぞれ出土した刀剣から、「治天下」つまり日本全国にわたって大王《おおきみ》家に権力が集中していたことが知られる。しかし、王位継承はこの時代も熾烈な争いによって受けつがれていた。

たとえば、「記紀」によると、何代にもわたって兄弟やおじや甥が殺しあっている。ワカタケル大《おお》王《きみ》の場合、兄の第二〇代安康《あんこう》天皇がおじのオオクサカ王を殺して、その妻を娶り、のちに王の子眉《ま》輪王《わおう》（原文は目弱王《めよわおう》）に寝首をかかれている。弟のワカタケルは二人の兄を誘って、仇討ちをすめるが、兄たちはいっこうにその気がないのに腹を立てて、その兄たちを殺してしまう。一方、眉《ま》輪王《わおう》はツブラ大臣の家に逃げ込んで助けをもとめる。ツブラ大臣は大王《おおきみ》家にも匹敵するほどの勢力をもった葛城《かつらぎ》氏だったが、ふところに入る窮鳥を裏切るわけにはいかないと、ワカタケル大王《おおきみ》と戦ってやぶれ、自死する。そのため葛城《かつらぎ》地区はすべて大王《おおきみ》家のものとなった（この話は、『古事記』の項で詳しくふれることにする）。また、葛城《かつらぎ》氏と連携していた備中の大豪族、吉備氏の反乱も制圧している。これを機会に、各地の連合集団体制も解体の方向にむかったといわれている。それを促進させる制度として、地域の首長が支配していた伴《とも》・部《べ》を、大王《おおきみ》に直属する中央の伴造《とものみやつこ》と国造《くにのみやつこ》が監督する《部民制》に切りかえている。これでいちおう、ヤマト王権は安定するわけだが、このの ち応神朝の後継者が絶え、ふたたび血統のあいまいな新王朝の継体《けいたい》天皇の時代がおとずれることになる。つまり第二次王朝の交代である。

四、記紀の表裏

六世紀になると、前方後円墳もまったく造られなくなって、遺跡や古墳による大和朝廷の歴史を知ることはむずかしくなった。したがって、かつて日本の歴史の基本となっていた「記紀」に語られている大和朝廷の推移を参考とするほかない。

わたしに限らず、だれでもふしぎに思うのは、ヤマタイ国は大和であろうと、九州であろうと、とにかく実在していたのだろうかという疑問である。あるいはまた、「記紀」を編纂した人たちは『魏志倭人伝』の存在を知らなかったのではないかと思わせる。ところが、『日本書紀』の神功皇后の巻に、

「魏志に云わく、明帝の景初三年六月、倭女王、太夫難升米《なんしょうまい》等を遣わして郡に詣り、天子に詣らんことを求めて朝献す」

「魏志に云わく、正始元年に建仲校尉梯携《けんちゅうこういていけい》等を遣わして、印綬を奉りて倭国に詣らしむ」

という記事がある。これは明らかに、『魏志倭人伝』のなかの、ヒミコが親魏倭王の金印をもら

った二三九年の事柄である。つまり、『日本書紀』はヒミコの記録を、あえて神功皇后《じんぐ》（架空の人物といわれている）の項目に載せているということは、意識的にヒミコを神功皇后《じんぐ》に置き換えているると断定せざるをえない。ということは、同時にヤマタイ国をヤマトノ国と同一のものとしてとり扱っているともいえるだろう。したがって、「記紀」にはヤマタイ国は存在せず、最初から大和朝廷が日本国を支配していたということになっている。なぜこういう虚偽を創作しなければならなかったのか。

鳥越憲三郎の「邪馬台国は物部《もののべ》王朝だった」（『大いなる邪馬台国』より）というエッセイによると、ヤマト王権がヤマタイ国を征服して、新しい王朝を開いたのではないかと推定している。本来、邪馬台国の読みはヤマトノクニであって、物部《もののべ》氏の『旧事本紀』によると、「そらみつ（枕詞）やまとのくに」に、饒速日尊《にぎはやひのみこと》が天降《あまくだ》って、国を開いたと書かれている。これが物部《もののべ》氏の祖先であるという。『日本書紀』の「神武紀《じんむき》」にも、同じように高天原《たかまがはら》から天降《あまくだ》る物語となっている。つまり、物部《もののべ》氏と神武《じんむ》天皇とは同じ高天原《たかまがはら》の神の子孫ということになる。ただ、大和朝廷の祖先である邇邇《にに》芸命《ぎのみこと》は日向《ひゅうが》に天降《あまくだ》って、神武《じんむ》天皇が日向《ひゅうが》から大和に向かって東征するという話になっている。ところが、大和には登美能那賀須泥毘古《とみのながすねひこ》という先住の豪族がいて抵抗し、容易に大和に入ることができない。いろいろ苦心のすえに、それを征服して大和朝廷を開くというのが「記紀」の創世記である。鳥越憲三郎は、この先住豪族のクニがヤマタイ国ではないかという仮説をたてている。

残念ながら、それをたしかめる方法はない。しかし、邪馬台国の存在を『魏志倭人伝』が書いている以上、ほかに第三者の記録がないのだから、それを信じるほかないだろう。なぜこうした混乱がおこったかについて、鳥越憲三郎は次のように解釈している。

「実は、歴史の編纂が最初に行われたのは推古二八年（西暦六二〇年）である。それは葛城王朝の後裔である蘇我馬子によって編まれた。彼は大和朝廷の前に、あえて神武を初代とする葛城王朝の歴史を加筆した。しかし崇佛論争で父子二代にわたる政敵の物部氏が、自分たちの葛城王朝に先行して、邪馬台国を築いていたことを記すことは、彼にとって絶対に許されないことであった。時の推古女帝も聖徳太子も蘇我一族である。彼は大胆に邪馬台国を抹殺したのである」

そうしたことは大いにありうることと考えられる。文字で記録するということはほとんどなかった時代のことであり、ヤマト王権に都合よく書かれたとしても、それを阻止する手段も方法もなかった。したがって、「記紀」の原典となった『天王記・国記・臣連《おみむらじ》伴造《とものみやつこ》国造《くにのみやつこ》百八十部あわせて公民等本記』は、記録した厩戸《うまやど》皇子・蘇我馬子《そがうまこ》等の意のままであっただろう。だが、鳥越憲三郎の言うように、ヤマタイ国を征服して、それに代わる強国が他の地区にあったとは思われない。やはり、ヤマタイ国の王朝内部での政変ではなかっただろうか。では、それはいつ頃おこったのか。少なくとも、二六六年、倭の女王（トヨか？）が西晋に朝貢したという『晋書・武帝紀』以後の出来事であったと考えられる。

「記紀」に記載されている天皇は、九代までは架空の天皇といわれている。大和朝廷を最初に開いた神武天皇の年代は紀元前六六〇年というとんでもない数で始まっている。これは中国の辛酉革《しんゆう》命の説にしたがったもので、辛酉《かのととり》の歳に天の命が改まるということから、推古九年（六〇一年）から六〇年×二一回目の辛酉の、一二六〇年まえにさかのぼって大和朝廷が出来たということになっている。これはむろん論外だが、第一〇代崇神《すじん》天皇はその名を〈ハツクニシラススメラミコト〉という神武天皇とおなじ敬称で呼ばれているところから、初めて大和朝廷を開いた天皇ではないかといわれている。ではいつ頃の天皇かというと、はっきりした資料はないが、二七〇～二九〇年頃ではないかと、井上光貞は『日本の歴史』のなかで書いている。つまりこの頃、ヤマタイ国はヤマト王権の支配下に入ったということになる。いや、それは単に祭祀制王権から、全国的な統率力をもった男王への王権の交代かもしれない。それを実証するものとして考えられるのが、この頃から巨大な前方後円墳が造成されていることである。また、『宋書倭国伝』に登場する倭の五王の記録（四二一～四七八年）をみると、ヤマト王権の大王《おおきみ》が国内の各部族を支配下におき、さらに朝鮮半島にまで勢力を伸ばそうとしている発展からも想定される。「記紀」の表記にしたがえば、崇神天皇から第二一代雄略天皇までのほぼ二〇〇年のあいだに大和朝廷の骨格ができあがり、やがて律令国家の成立という経過をたどったものと思われる。

ところで、河内地区を拠点とする応神天皇にはじまるヤマト王権の後継者に、子供がなく、新たな王統を受けついだのが第二六代継体《けいたい》天皇である。その即位の経過はかなり異常である。都には王位につく資格のある、ヤマト王権の血統をひく王子がいないので、大伴《おおとも》大連《のおおむらじ》は丹波の国の倭彦王《やまとひこおう》を迎えようとするが、王は大連《おおむらじ》の兵士の姿をみて、恐れて逃げてしまったといわれている。そこで翌年、大伴《おおとも》大連《のおおむらじ》は物部《もののべ》大連《のおおむらじ》と相談して、応神天皇の五世の孫という男大迹王《おおどおう》を、越《こし》の国（福井県）から迎えいれている。それが継体天皇（五〇七〜五三一年）である。大王《おおきみ》の即位としてはまったく異例のことである。越《こし》は男大迹《おおど》王の母の里で、そこで育ったが、出身地は滋賀県の近江の息長《おきなが》氏の出である。息長《おきなが》氏は近江を拠点として、東は尾張、北は越《こし》地域に勢力をもつ氏族で、むかしから大王《おおきみ》家とは婚姻関係のある家柄ではあった。それにしても国の元首を、まったく見ず知らずの辺境の地から迎えるということは国の根幹にかかわることである。それが出来たということは、大王《おおきみ》をとりまく有力氏族が、国政の実権を握っていたからではないだろうか。この王位継承に関しては、軍事を一手に掌握していた大伴《おおとも》氏と物部氏、それに没落した葛城氏に代わって台頭してきた大臣の蘇我氏らの画策したものであろう。しかし、やはり周囲の承認をうるのはむずかしかったのだろう、即位して継体天皇が大和に入るのは二〇年も後のことである。それまでは河内、山背から、大阪、京都へと転々と居所を移している。ヤマト王権の拠点である奈良の磐余宮《いわれのみや》に落ち着くのは、亡くなる五年まえのことである。

継体天皇の死後、王位継承は安閑《あんかん》、宣化《せんげ》、欽明《きんめい》の三人の皇子だったが、前二者は継体が王位につく前、尾張の連《むらじ》の娘をめとって生まれた子ということで、身分が低く、王位継承にふさわしくないという一般的な見方があった。しかし、王位につく頃には二人とも六五歳をすぎていて、ただ中継ぎの役をはたすだけだという容認の体制でもあった。安閑《あんかん》は七〇歳、宣化《せんげ》は七三歳でなくなり、実際五、六年の在位にすぎなかった。しかし、真実かどうかは分からないが、「記紀」以外の文献によると、継体のあとは欽明《きんめい》天皇が即位したことになっている。欽明《きんめい》は、母が第二四代仁賢《にんけん》天皇の娘、手白《てしら》香《か》皇女《ひめみこ》ということもあって、王統の血筋をひく者という大義名分があったからであろう。だが、これはひとつの建てまえであって、実際は継体朝を支持する大伴《おおとも》氏と、欽明朝とふかく結びついている大臣《おおおみ》の蘇我稲目《そがいなめ》との権力争いであったというふうに解釈されている。ところがこの頃、大伴《おおとも》氏は筑紫《つくし》の国造《くにのみやつこ》、磐井《いわい》の反乱によって、朝鮮半島の制圧に失敗し、任那《みまな》の四村を新羅《しらぎ》に占領されるという失政によって、大伴金村《おおともかねむら》が失脚している。またいまひとつの強敵、物部守屋《もののべもりや》とは仏教を受け入れるかどうかの対立で、蘇我馬子《うまこ》は欽明天皇や厩戸《うまやど》皇子《おうじ》を味方につけ、守屋《もりや》を滅ぼし、欽明・蘇我の独占体制を築きあげていった。

その蘇我氏が「大化の改新」で滅亡したことは、すでに日本歴史の常識となっているので、この辺で大和朝廷成立の概略について話すことは止めることにする。これまで、ヤマタイ国から大和朝廷の成立についてながながと語ってきた理由は、現実の歴史と「記紀」に書かれている歴史とは違っていることを明らかにするためであった。言語で構築された歴史と、言葉はあっても記録に残ることのない現実との乖離《かいり》は、いかに超えがたいものであるかをつくづく感じさせる日本のあけぼのであった。その乖離《かいり》をふまえて、日本語のたどった歩みを尋ねてみることにしよう。

第三章　古事記撰録

『古事記』は、七一二年、元明天皇のとき、太安万侶《おおのやすまろ》が「帝紀」（系譜を中心とした記録）と「本辞」（神話・伝説などの伝承）とから撰録して、上・中・下の三巻にまとめたものである。その序文によると、天武天皇（在位六七二～六八六年）は舎人稗田阿礼《とねりひえだのあれ》に、「帝皇の日継」と「先代の旧辞」とを誦《よ》み習わせ、後世に伝えようとされた。ところが、それが完成しないうちに天皇が亡くなられたために、元明天皇（在位七〇七～七一五年）は、和銅四年九月一八日、臣安万侶《やすまろ》に阿礼《あれ》が誦《しょう》習《しゅう》した旧辞を撰録して献上せよと命じられ、和銅五年正月二八日に謹んで献上したということである。安万侶の序文は、序文というよりも天皇への上表文として書かれているもので、中国の美辞麗句の手本を下敷きにしている。したがって、古事記本文の文体とは違っているため、賀茂真淵《かものまぶち》はこれは後代の人が書いたものではないかと疑問に思っていたらしい。いまでは安万侶の書いたものといわれているが、古事記成立のいきさつについては、かれの書いているとおりかどうか、その解釈をめぐってはいろいろな説がある。

そのひとつは、古事記の原本となった帝紀・旧辞が天武天皇によって書き改められたものが使われたということである。それは安万侶が序文で書いているとおりとして、そのとき書き改められた古事記（原古事記という）は、安万侶の書いた古事記とはちがって、漢文で書かれていたのではないかといわれている。それを天武天皇が稗田阿礼《ひえだのあれ》に訓読で読み聞かせられ、阿礼がそれを誦習《しょうしゅう》（暗誦か？）したのではないかという説がある。ところが、天武天皇が亡くなられ、阿礼が誦習《しょうしゅう》したままでは、それが失われてしまうので、元明天皇が安万侶に書き留めておくように命じられたということである。

その通りとしても、天武天皇が着手して、元明天皇が安万侶に撰録を命じられた和銅四年までにはすでに三〇年あまりの年月がたっている。天武天皇に誦習《しょうしゅう》を命じられたとき、阿礼は二八歳で、一度聞いた文章はよく暗誦し、耳にした話は決して忘れないという聡明さであったと安万侶は序文に書いている。だが、それから三〇年たてば阿礼はすでに六〇歳ちかい年齢である。それでもなお、かつて誦《よ》み習った原古事記を暗誦することができただろうかという疑問がある。

いまひとつの疑問は、阿礼は舎人《とねり》という身分の低い地位にあって、誦習のために天皇とじかに接することができたかということである。もっとも、身分が低くても、天皇の身近に仕えるものに女舎人がいる。荻原浅男は『日本古典文学全集・古事記』の解説で、阿礼は巫女《みこ》ではなかったかと推理している。なぜなら、稗田《ひえだ》という氏族は、天岩戸《あまのいわと》の神話に登場する天宇受売命《あめのうずめのみこと》の子孫で、猿女《さるめ》君《きみ》という女系相続の家系であり、宮中に出仕する巫女を多数輩出しているからである。また、阿礼は個人ではなく、何人かの巫女の集団ではなかったかとも言っている。たしかに、古事記三巻を暗誦するということは一個人では無理ではないかと思われる。

神野志隆光はまた別な観点から批判している。かれは『古事記・天皇の世界の物語』の序章で、次のように言っている。

「しかし、私は安万侶のいうところをそのまま信じるわけにはいかないと考える。一つは天武天皇の決定的な関与をいう安万侶のなかには、天武天皇のいわば神格化が働いていたのではないかと思われるからである。（中略）天武天皇の神格化ということは、安万侶個人の問題ではなく、時代精神というべき問題である」

たしかに、安万侶の序文のなかには、天皇にたいするいささかオーバーな美辞麗句で賛美しているところがある。しかし、この序文が天皇にささげる上表文であり、また唐の時代に流行した華麗な文体を手本にして書いたとすればやむをえなかっただろう。神野志によると、古事記には原古事記というようなものは存在しなくて、太安万侶と稗田阿礼との共同作業によって、元明天皇のとき書き上げられたものが、今日の『古事記』ではないかといっている。しかし、そうなると、安万侶が撰録を命じられて、わずか四ヶ月あまりで完成したことになるが、果たしてそれは可能だっただろうか。巻紙に自筆で書くという作業だけでも、それくらいの日数は必要だろう。まして、語られている和語を変体漢文に翻訳して記述するとなると容易なことではない。安万侶も序文で書いているように、

「訓だけで書こうとすると、漢字の意味と和語のこころとが一致しないし、また音だけで書くと、いたずらに文章が冗長になって、かえって意味が通じなくなる」

と、その苦心のほどをのべている。また、文章だけでなく、「帝紀」や「旧辞」の誤りを正すというような重要な事柄を、安万侶のような身分のものが許されるわけがない。これはやはり、天武天皇みずからがおこなったのであろう。天皇がみずから誤りを正したというところに、天武朝に都合のいいように書き改められたのではないかという危惧を感じさせる。だが、『古事記』は書かれている内容もさることながら、むしろ日本の古代語を表記した、はじめての文章というところに、かけがえのない貴重な書物であることは言うまでもない。では、それがなぜ可能であったのかということになると、謎につつまれている。おそらく天武天皇が阿礼に訓読されたとき、しぜんに古代語の口語体となったのではないだろうか。むろん、「帝紀」や「旧辞」は漢文で書かれていただろ

う。それがどの程度『古事記』に記載されているかは分からない。ただ、天皇が訓読され、阿礼が誦習した原典は、「原古事記」というにふさわしい日本語風の語順で書かれた和風漢文ではなかったか。和銅四年に、安万侶が仔細に採り拾って変体漢文で書いた『古事記』は、阿礼が暗誦していたものを直接文章にしたものか、または「原古事記」を、阿礼とともに日本語風の漢文に翻訳したものか、それをたしかめる方法はない。しかし、『古事記』の文章構造が古代語の配列となっている点で、安万侶ひとりの裁量で決めたものとは思われない。たしかに、学識のひろい安万侶が中国文学や漢訳仏典の知識を援用していることはたしかだが、やはり『古事記』の最大の特徴は、古代人のあいだで語られていた言葉を漢字で書きとめたことである。そこには、阿礼をはじめ、多くの人びとの協力と、長い年月の醸成をへて完成した書物というふうに解釈したほうがいいのではなかろうか。また、それにふさわしい内容の古典でもある。

　最後に、古事記成立のいきさつを川副武胤の『古事記の世界』からみてみよう。川副の解釈は、安万侶の書いた序文からではなく、本文から推理をすすめている。

　そのひとつは、『古事記』に登場する氏族はその始祖がすべて高天原の神の子孫ということになっているということである。たとえば、稗田阿礼《ひえだのあれ》は天宇受売命《あめのうずめのみこと》の子孫であるというふうに、天武天皇は「帝紀」を書き改めるとき、各氏族の祖先を明らかにし、新しい身分秩序を独自に再編しようとしている。なぜ天武朝のときそうする必要があったのかということについて、川副はそこに重要な意味があると指摘している。ということは、壬申《じんしん》の乱《らん》のとき、近江朝（天智天皇・大友皇子）に味方した、かつての皇族や大豪族は「帝紀」や「旧辞」にその氏族関係や主従関係がはっきりと記載されているが、大海人皇子《おおあまおうじ》（天武天皇）に味方した中級クラスの皇族や豪族、そして舎人たちの出自ははっきりとしていないか、もしくは記載がない場合が多い。そこで、戦功のあった彼らを優遇する必要があって、天武朝一三年、「八色《やくさ》の姓《かばね》」という新しい姓が設けられた。古事記には、そのとき姓を賜った氏族が多くとりいれられている、と川副はいう。

太安万侶がその序文で、天武天皇の勅語として紹介している、

「諸家の伝える帝紀及び本辞が正実に違い、多く虚偽を加えると聞く……」

という言葉は、じつは近江派を締めだすための口実であったのではないだろうか。したがって、ヤマト王権を支えてきた旧来の氏族社会と、律令国家体制を維持する官人社会とのあいだには、新旧の画然たる差異ができたといえるだろう。そして、天武朝を支える新しい政治体制を可能にしたものは、官人たちによる、書記言語をもちいた律令体制の組織と運営である。

川副武胤のいまひとつの見解は、「原古事記」（かれは天武朝一三年頃の作成とする）の作者は丸《わ》邇臣《におみ》の一族ではなかったかと推測している。なぜなら、『古事記』には丸邇臣《わにおみ》の一族に関係する人

物が圧倒的に多いという。たとえば、祖先の功績をたたえたものとして取りあげられている二五人のうち、事実でない、説話的なものが一九人いるが、これを氏族別にみると、丸邇臣《わにおみ》が五人、久米直《くめなおと》が二人、大伴連《おおとも》が一人、ほかに一人ずつの氏族が取りあげられている。当時の丸邇臣《わにおみ》の一族には、春日臣、小野臣、柿本臣らがおり、いずれも文筆にかかわっていた氏族である。柿本人麻呂もそのひとりであった。

『古事記』の「神代の編」に鰐《わに》がしばしば登場するが、なぜワニでなければならないのか理解しがたい。当時、ワニなど見たものはいなかっただろうから、想像上の動物に違いない。にもかかわらず、たとえば稲葉《いなば》の素兎《しろうさぎ》にだまされるワニの話とか、また海神の娘、豊玉毘売命《とよたまひめみこと》がお産のとき、本来の姿にかえると、それがワニであったという奇想天外な話など、およそ説話の作者の発想には、一族の丸邇《わに》の名の連想から思いついたとしか思えないと川副はいう。まことに当をえた推論といえるだろう。

以上が『古事記』成立のいきさつだが、この本のたどったその後の運命は不運としか言いようがない。それに反して『日本書紀』は、撰上（七二〇年）された翌年から宮中で講釈がおこなわれ、平安時代には六回の講義が「私記」として記録されている。なぜこれほど珍重されたかというと、当時、宮仕えする子弟の漢字習得のための一種の教科書だったからではないだろうか。したがって、その写本も数多く残っている。ところが、『古事記』になると、鎌倉時代になって卜部兼文《うらべかねふみ》が『古事記裏書』を著し、その子兼方《かねかた》が『釈日本紀』に「古事記」の一部を引用しているだけで、一般にはほとんど知られていなかった。せいぜい「神代編」が神道家に利用され、祝詞《のりと》として使われる程度であった。原本はむろん巻物であったが、それを書写したのは大中臣定世《おおなかとみさだよ》が文永三年（一二六六年）、上・下巻を写し、中巻は一二六三年、藤原通雅《みちまさ》が書写したものがもっとも古いものである。現在利用されている伝本は『真福寺本古事記』で、一三七一〜二年にかけて、真福寺の住職信喩《しんゆ》が弟子の賢喩《けんゆ》に書き写させたものである。いずれにしても、『古事記』を読み解くことができるようになったのは、本居宣長の『古事記伝』（一七九〇年）によってである。それまでは、変体漢文という意味不明の言語として、混迷のなかにおかれていた。むしろ、それまでによく遺失しなかったというべきかも知れない。やはり、天皇家の遺品として門外不出だったからではないだろうか。それが、鎌倉時代の天皇家の衰退によって、外部からの貸し出しに応じるという事態になったのかも知れない。いずれにしても原本は失われてしまっている。ただ、いくつかの書写をつきあわせてみて、かなり正確に原本が書写されているらしいことがわかった。ともかく、次に『古事記』に書かれている古代語と、現代日本語とのかかわりあいについてみてみよう。

一、古事記のこころ

本居宣長が『古事記』の注釈をこころざすきっかけとなったのは、賀茂真淵の次のような教えからであった。

「からごころ（漢意）を清くはなれて、古《いにしえ》へのまことの意《こころ》をたずねえずばあるべからず」

宣長、三四歳のときのことである。それから三五年間の歳月をかけて『古事記伝』四四巻を完成している。まさに生涯をかけた業績である。宣長をこれほどまでに魅了したものはいったいなんだったのだろうか。思うに、宣長にとって、長く、武家社会の道徳原理となっていた「からごころ」から開放されて、この書によってはじめて古代人、あるいは原日本人といってよいかもしれないが、そのこころと出会ったからではないだろうか。

「そのいにしえのこころをえむことは、古言《ふるごと》を得たるうへならではあたはず。古言《ふるごと》をえむことは、万葉をよく明らむるにこそあれ……」

そのとき真淵は六七歳で、すでに『万葉考』を書きあげていた。しかし、歳老いているので、自分はこの上さらに『古事記』を読み解くことはあきらめるしかないが、あなたはまだ若いのだから、怠りなく学べばこころざしをとげることができるだろう、と宣長を励ましている。

これが宣長と『古事記』との出会いである。だが「いにしえ」のまことのこころを尋ねることは決して容易ではなかった。なぜなら、『古事記』が書かれてすでに千年の歳月がたっており、風俗、習慣はむろんのこと、言葉も変質しているうえに、書かれた文字は「からごろも」をまとっているからである。それを取りはずし、上つ代《かみよ》の「まことのこころ」を取りださねばならなかった。その苦闘の結果が『古事記伝』四四巻である。ここでは、その一部だけに触れてみることにする。たとえば、『古事記』の最初の一文について、宣長は長い注釈をつけている。

天地初発之時、於高天原成神名、天之御中主神、(訓高天原云阿麻。下効此)、次高御産巣日神、次神産巣日神。此三柱神者独神成坐而、隠身也。(古事記、原文)

(宣長の訓み)

天地の初めの時、高天の原に成りませる神の名は、天之御中主の神、次に高御産巣日の神、次に神産巣日の神。此の三柱の神は、みな独り神成りまして、身を隠したまひき。

古事記の原文は句読点がないので、もっと読みにくかったと思われる。それを、わたしたちにも読めるように翻訳したのが『古事記伝』である。「原古事記」はおそらく漢文で書かれていたとおもわれるが、それを天武天皇が訓読で阿礼に読み聞かせ、阿礼はそれを声にだして誦習し、さらに安万侶が字訓と字音との組み合わせによって文章化したものが『古事記』である。したがって、上つ代の人たちの言葉（大和地方の言葉）がわたしたちに届くまでには、訓読から誦習（口語体）をへて、変体漢文へと翻訳されているわけである。それをさらに宣長が、「からごころ」を脱ぎ捨てた漢字以前の和語にまでさかのぼって注釈を加えようとこころみたわけである。それがどういうものであるのか、二、三の例をみてみよう。

「天地初発之時」という最初の文について、宣長は次のように解釈している。

「天地は、阿米都知《あめつち》の漢字にして、天はアメなり、かくて阿米てふ名の義《こころ》は、いまだに思い得ず……」

天という漢字は中国語ではテン、頭上にひろがる空を意味するが、和訓ではアメと読んでいる。古代人たちはアメという言葉によって漠然と「虚空」、つまりソラのことを思いうかべていたのではなかろうか。それは自然現象の「雨」とは違っていたはずである。では古代人にとって、天がなぜアメなのか。宣長はこういう場合には、次のように釈明している。

「本《もと》の意《こころ》を釈《と》くは、甚だ難きわざなるを、強ひて解むとすれば、必ず僻《ひが》める説の出で来るものなり」したがって、「いまだ思い得ず」といって、あえて解釈を差し控えている。

しかし、宣長の真意は、「天」という漢字の漢意《からごころ》は、シナでは万物の最高の権威を象徴する意味に使われているから、その漢衣《からごろも》を脱ぎ捨てなければならないと考えた。だから古代人のしぜんな心になってよめば、天のことをアメといい、素朴な心で空をおもいうかべていたのだろう、と宣長は思っている。しかし、あえてこうした解釈をしないで「いまだ思い得ず」とかわしている。なお、「天地」の「地」の読みを、宣長は最初「クニ」と読んでいたが、真淵から、「万葉仮名では、これはツチと書かれている」と教えられ、アメツチと書き変えたというエピソードがある。

次に「初発之時」の解釈について、宣長をはじめ、今日でもいろいろな解釈がある。それを紹介して、古代語の解釈がいかに複雑なものかを理解する例としよう。

ひとつの解釈は、「はじめての時」という読みで、宣長、武田祐吉、中村啓信等がこれにしたがっている。次に「はじめてひらけし時」という読みは荻原浅男による。三つ目は「はじめてあらわれし時に」で、神野志隆光がある。四つ目は「おこりし時に」、または「ひらけし時に」、というその他の人たちの解釈がある。これらはなんでもない言葉の解釈のようにおもわれるが、それぞれの解釈によって宇宙創生のイメージが違ってくるから面白い。たとえば、最初の解釈の場合「混沌とした宇宙があって、それが初めて姿を現したのが天地である」ということ。次の解釈は「混沌とした宇宙が初めてひらけて天地となった」。三つ目は「天地が初めて現れ、そこに神の坐が設けられたとき」。四つ目は「発」という読みを「おこりしとき」と読むか、「ひらけし時」と読むかの違いである。いずれにしても、神が宇宙を創造したというのではなく、古代人にとってアメツチは自然現象としてすでに存在するものであり、人間が解釈する余地のない存在であったということである。ただ『古事記』では、そこに三人の神があらわれ、高天原に神々の座をもうけたという神話からはじまり、この後、「クニ生み」という創造の話になるので、矛盾しているといえば矛盾している。もっとも、高天原は大和朝廷を皇大御国《すめらおおみくに》に「カミ上げ」する、つまり神格化のためにはどうしても必要な構想であっただろう。もともと『古事記』は、「トヨアシハラミズホノ国」の統治権を天皇家が神から授かったものであることを正当化するために書かれたものである。その点、宣長は古事記をいささか買いかぶっているところがある。たとえば、『古事記伝』で次のように評価している。

「さて此の記《ふみ》、字《もじ》の文《あや》をもかざらずて、もはら古語《ふるごと》をむねとはして、古《いにし》への実《まこと》のありさまを失はじと勤めたることは、序に見え、また今次々に云ふが如し」

宣長は『古事記』を「上つ代の清らかなる正実を知るうえで最上の史典」であると信じて疑わなかった。とはいえ、実際に『古事記』を読んだ感想を、彼は次のように言っている。

「皇大御国《すめらおおみくに》は、天地の間に、あらゆる万《よろず》の国を御照しまします天照大御神《あまてらすおおみかみ》の御生れませる本《もと》つ御国にして、その御後の皇統、天地と共にゆらぎなく、無窮《とこしへ》に伝はりまして、千万御代まで、天の下を統御《しろしめ》す御国なれば、かけまくも可畏《かしこ》き天皇の尊く坐ますこと、天地の間に二つなくして、万国の大君に坐ませば……」（引用文は「直毘霊《なほびのみたま》」による）

これでは、国学の思想的解釈というほかない。もっとも宣長の生きた武士社会を考慮すれば、ここまで強調しなければ原日本人の心を伝えることはできないと考えたのかも知れない。だが、これは宣長の曲解とばかりはいえない面もある。たとえば、上つ代を大和朝廷成立以前の縄文時代と考えるなら、「皇大御国《すめらおおみくに》」という発想はむろんないはずである。実際『古事記』の上巻「神代編」までは、「天《あめ》の下しろしめす」天皇の姿は現れない。したがって、宣長が「上つ代」と「皇大御国《すめらおおみくに》」とは一体のものと受け取ったのは、中・下巻からである。しかし、「古事記撰録」でも検討したように、天武天皇の意図は明らかに、天皇家の統治権の正当性を歴史のなかに記録するために『古事記』を編纂したのであって、宣長の誤解というよりも、『古事記』がその後の「皇大御国」の思想の下地となったことは確かである。だが、宣長のこの解釈は、武家政治がおわり、日本が近代化の道を歩みはじめたとき、ナショナリズムの思想的な根拠として利用されることになった。たとえば、日清戦争（一八九四年）のさなか、上田万年の講演した次のような言葉にもそれはあらわれている。

「われわれ日本国民が協同の運動をなしうるのは、主としてその忠君愛国の大和魂と、この一国一般の言語とを有《も》つ、山と民族あるに拠《よ》りてなり。故に予輩の義務として、この言語の一致と、人種の一致とをば、帝国の歴史と共に、一歩もその方向よりあやまり退かしめざるよう勉めざるべからず」（『古事記と日本書紀』神野志隆光より）

なんとも時代がかったセリフである。しかし、これが当時の日本人の精神構造であったことを忘れてはならない。それを象徴的な条文にまとめたものが大日本帝国憲法の第一条である。

「大日本帝国ハ万世一系ノ天皇之ヲ統治ス」

この解説を『憲法義解』から紹介すると、

「……神祖開国以来、時ニ盛衰アリト雖モ、世ニ治乱アリト雖モ、皇統一系宝祚《ほうそ》ノ隆ハ、天地ト与ニ窮《きわまり》ナシ。本条首《はじ》メニ立国ノ大義ヲ掲ゲ、我カ日本帝国ハ一系ノ皇統ト相依テ終始シ、古今永遠ニ亘リ、一アリテ二ナク、常アリテ変ナキコトヲ示シ、以テ君臣ノ関係ヲ万世ニ昭《あきら》カニス。……」

というものである。説明するまでもなく、これは天武天皇の志を受けつぐものである。この皇大御国の天皇制が、日本国民を第二次世界大戦へと突入させたことは歴史の実証するとおりである。この悲惨な体験の根底を明らかにするために、あえてこれらの言文を紹介したわけだが、いまひとつ、わたしにとって忘れられない言動は、本居宣長が六一歳のとき、自画像に自署したという次の歌である。

志き嶋のやま登許、路を人登ハ、
朝日尓、ほふ山佐久ら花
（敷島の大和心を　人とわば　朝日に匂う　山桜花）

わたしは敗戦の数ヶ月前、一八歳の徴兵年令（二〇歳から繰り上がった）をむかえ、お国に殉ずることを考えざるをえなかった。そのとき、宣長のこの歌がもっともさわやかにわたしの決意をうながした。桜の花のようにパッと咲いて、パッと散るという潔さが、戦乱にまきこまれた若者にとってはいかにも理想のように思われた。これはむろん、わたしの勝手な思い込みで、宣長には関係ないだろう。だが、当時の風潮は宣長の皇国思想を善しとする時代であった。この歌に殉じて散った特攻隊員や守備隊員は何十万人とあったのではないだろうか。それが千年の昔から、日本民族の精神を拘束してきたことを思うと、天武天皇の意図した「皇大御国」としての『古事記』の果たした役割は決して軽くないといえるだろう。

二、古事記の物語性

『古事記』には、たしかに皇大御国の神典という一面があることは否定できない。しかし、語られている言葉は古言《ふるごと》であり、上つ代の心をつたえる書としては唯一の資料である。原日本人の生きざまを知る古典的役割は、それによっていささかも減じるものではない。たとえば、イザナキノ命とイザナミノ命の国生みの話など、おそらく民話として語りつがれていたものが神話の世界に生かされたのであろうが、古代人のおおらかな心がうかがわれる。その一部を引用してみよう。

両神はその島にお降りになり、天の御柱を立て、広い宮殿をお造りになった。そして、イザナキノ命は妹のイザナミノ命にお尋ねになる。

「汝の身はいかに成れる」

「はい、吾が身は成り成りて、成り合わざる処が一箇所あります」

そこで、イザナキノ命が言われるには、

「吾が身は成り成りて、成り余れる処が一箇所ある。そこで、この吾が身の成り成りて余れる処をもって、汝の身の成り合わざる処に刺し塞ぎて、クニを生み成さんとおもうが、どうか」

「それは結構なことです」と、イザナミノ命が答えられたので、イザナキノ命は、

「では、吾と汝と、この天の御柱を左右からめぐり逢うって、みとのまぐわいをしよう」と、おっしゃった。


これは人間の基本的な生命活動で、どこの国の創世記にも登場する神話だが、それにしても、この素直な語り口は古代人の豊かな心が生みだしたものであろう。こうして生みだされた島が一四、神々が三五体となる。ところが、火の迦具土神《かぐつちのかみ》をお生みになるとき、イザナミノ命の御ホトが焼けて、病み、ついに亡くなられ、黄泉国《よみのこく》へと旅立たれる。黄泉《よみ》の国とはむろん死者の世界のことである。イザナキノ命は妻を慕って、黄泉《よみ》の国の入り口まで行き、呼び戻そうとされるが、イザナミノ命はすでにウジにまみれていた。それを見て、恐ろしくなり、逃げ帰ろうとするが、醜い姿を見られたイザナミノ命は夫を食い殺そうとして後を追ってくる。イザナキノ命は千人引きの大岩で、

黄泉比良坂《よもつひらさか》を立ち塞ぎ、やっと葦原中国《あしはらのなかつくに》に帰ってくるという物語である。この大岩をはさんで、夫婦別離の言葉をかわしている。

「いとしいわたしのミコトよ。あなたがこんなことをすれば、わたしはあなたの国の者を一日に千人絞め殺してしまいますよ」

「いとしいわたしの妹のミコトよ。おまえがそうすれば、わたしは一日に千五百の産室《うぶや》を建てよう」

こういうことで、この世では一日千人が死に、千五百人が生まれるということになった。

この夫婦神の生と死をめぐる問答は、人間世界の生死をリアルに語った神話である。もともとこの神話は、海人族《あまぞく》の祝詞《のりと》にもある神話で、火と女陰との関連はメラネシアやポリネシアの神話にも多く見られるという（「日本神話の比較民俗学的考察」）。

これでいちおう、天地創造の第一幕がおわり、次に天照大御神とその子孫の物語となるわけだが、復習しておくと、「高天原」があり、次いで「葦原中国」つまり人間界があり、そして地の底に「黄泉国」があるという、三層構造が『古事記』の宇宙観である。

天照大御神はいわゆる太陽神である。太陽信仰は原始的な宇宙観ではどこの国でもみられる現象である。わが国では、伊勢神宮の祭祀のなかに、太一神《ふとつかみ》（天御中主神《あめのみなかぬしのかみ》）と太陽神との融合した形があるということである（「伊勢神宮考」）。『古事記』に最初に登場する神が天御中主神《あめのみなかぬしのかみ》だが、その具体的なイメージとして天照大御神を創造したものと考えられる。それにしても、天照大御神が女神というのはなぜだろう。折口信夫説によると、男性太陽神をまつるみこ（巫女）の神格化が天照大御神となったのではないかということである。『古事記』を誦習《しょうしゅう》した稗田阿礼《ひえだのあれ》が巫女《みこ》の集団ではなかったかという荻原説も、ここらと関連して考察するヒントがあるように思える。

ところで、天孫降臨によって皇孫が中つ国の統治者となったわけだが、初代神武天皇から第九代開化天皇までは架空の人物だといわれている。第一〇代崇神天皇がヤマト王権の創始者ではないかという推論は、大和朝廷成立のところですでに触れたとおりである。ただ、ふしぎに思えることは、「歴代天皇の巻」には皇位継承の熾烈な陰謀が露骨に語られていることである。そうしたことはできるだけ隠したいというのが普通だが、天武天皇自身も甥の大友皇子から皇位を簒奪《さんだつ》しているので、それを正当化するため記述されているのか？。とにかく、古事記には肉親の殺し合いがめんめんと語られている。それを列記してみよう。

一、神武天皇が亡くなった後、タギシミミノ命（異母兄）が弟を殺して皇位につこうとして殺される。

二、タケハニヤス王（伯父）が崇神天皇を殺して皇位につこうとして失敗する。
三、サオビコノ王（皇后の兄）が妹をそそのかして、垂仁天皇の寝首を掻こうとする。
四、カゴサカノ王・オシクマノ王（異母兄）は、九州から上京する神功皇后と応神天皇とを待ち伏せして戦い、敗れる。
五、オオヤマモリノ命（兄）は、父の応神天皇の勅命に反して、弟を殺して皇位につこうとして、敗れる。
六、スミノエノナカツ王（弟）は履中《りちゅう》天皇が酔って難波宮に寝ているのをみて、宮殿に火つけて焼き殺そうとするが、天皇は逃れてヤマトに帰り、石上《いそのかみ》神社に入られる。そして、次弟のミズハワケノ命（のちの反正《はんぜい》天皇）にスミノエノナカツ王を殺させる。
七、二〇代安康《あんこう》天皇の代になると、殺し合いはいっそう激しくなる。父允恭《いんぎょう》天皇には五人の男の子と二人の女の子がいたが、長男の木梨之軽太子《きなしのかるのみこ》（軽皇子）が皇太子となって皇位をつぐことになっていたが、同母の妹、軽大郎女《かるのおほいらつめ》に恋して密通し、それが世間に漏れて失脚し、松山の道後温泉に流される。この悲恋物語はのちに紹介するとして、オホハツセノ王子（五男・のちの雄略天皇）の凄惨な皇位争奪戦の模様から話すことにしよう。

長男の軽皇子が失脚して、三男のアナホノ王子が安康《あんこう》天皇となる。天皇は弟のオホハツセノ王子の妻として、叔父のオホクサカノ王の妹を要望する。その要望を伝えるためにオヤネノ臣を使わす。叔父は喜んで、その返礼に高価な立飾りを贈物としてことづけ、承諾の返事をする。ところが、オヤネノ臣はその立飾りに目がくらみ、それを盗み、オホクサカノ王は「私の妹は、同族の妃になどにはやらん」とおっしゃったと嘘の報告をする。それを聞いて、天皇は怒り、オホクサカノ王を殺して、その妻を横取りし、自分の妃とする。それから何年かのちのこと、天皇は昼寝の床のなかで、后に次のような話をされる。

「私はいつも心配していることがある。なにかというと、お前の子の目弱王《めよわおう》が成人したとき、私がその父を殺したことを知ったら、いつか反逆の心を起こすのではなかろうか」

そのとき、目弱王《めよわ》（七歳）は御殿の下で遊んでいて、この話を盗み聞きした。そして天皇が寝ておられるとき、こっそり忍び込んで、かたわらの太刀をとって寝首をかき斬った。それから助けを求めて、葛城《かつらぎ》家の円《つぶら》大臣《おおおみ》の家に逃げこんだ。これが皇位継承の第二段階である。

次いで、当時はまだ少年だったオホハツセノ王子はこれを知って怒り狂い、次兄のクロヒコノ王を訪ね、

「天皇が殺されました。どうしましょうか」

と相談する。ところが次兄は驚きもせず、いいかげんな応対だった。オホハツセノ王子は腹をたて、兄のえりくびをとって外へ引きだし、打ち殺してしまった。ついで、四兄のシロヒコノ王のと

ころへ行き、天皇が殺されたことを話したが、シロヒコノ王も次兄と同じような態度だったので、兄の襟をとって引きずりだし、明日香村の地面に穴を掘って生きながら埋めたところ、両目が飛びだして死んだ。それからオホハツセノ王子は、円大臣《つぶらおおみ》の家をとり囲み、目弱王《めよわおう》を引き渡すようにと申しわたした。ところが大臣は、

「臣が王の宮に隠れるという話しは聞きますが、王が臣の家に隠れるということはかつて聞いたことがありません。ですから、たとえかなわぬまでも、王子を護って、戦って死にましょう」

といって円《つぶら》大臣は戦い、力尽きて、目弱《めよわ》王を殺し、自分も首を切って死んだ。これが第三段階である。それでもなお、オホハツセノ王子の身辺には、いまひとり皇位継承の候補者がいた。それは従兄弟のオシハノ王である。

ある時、オシハノ王はオホハツセノ王子とともに淡海《あふみ》（近江）の野へ、いのしし狩に遠出した。その夜は各自の仮宮に休んで、翌日、朝早く狩にでかけることになった。ところが、オホハツセノ王子が寝過ごしたのか、なかなか出てこないので、従兄弟のオシハノ王はオホハツセノ王子の仮宮に立ち寄って、付き人に、「早くお出でなさいと申し上げよ」と言って、先に馬を進めていた。オホハツセノ王子は衣の下に甲をつけ、弓矢を用意して馬に乗り、たちまちオシハノ王に追いついて並び、王を射落とした。そして、王の身を切り刻んで馬桶に入れ、土中に埋めて隠してしまった。これが第四段階である。

こうして、すべてのライバルを退けたオホハツセノ王子は皇位についた。第二一代雄略天皇である。雄略天皇は埼玉県の稲荷山古墳や熊本県の江田船山古墳から出土した刀剣に、ワカタケル大王《おおきみ》として天下を治めた天皇としての業績が残されており、また倭の国王武として中国の史書にもその上表文が記載されているほどのすぐれた天皇であったという評価とともに、皇位継承に見られるような悪辣な手腕の持ち主でもあったという、好悪両論の名を歴史にとどめている天皇でもある。

ちなみに、従兄弟のオシハノ王の二人の遺児は、淡海の野の変事を知って、播磨の国にのがれ、馬飼い、牛飼いに身をやつし、難をのがれている。ところが、雄略天皇亡きあと、馬飼い牛飼いから、つぎつぎと兄弟が天皇になるという奇しき因縁も『古事記』には書かれている。

三、悲恋の歌がき

允恭《いんぎょう》天皇の長男、軽皇子《かるのみこ》は妹の軽大郎女《かるのおほいらつめ》またの名を衣通王《そとほしのみこ》に恋し、姦通の罪によって皇太子の地位を追われ、伊予の湯（道後温泉）にながされる。そして、あとを慕ってきた妹とともに自死している。この悲恋を、上代歌謡の歌垣で物語っているすばらしい詩編が『古事記』には載っている。衣通王《そとほしのみこ》というのは、美しさが衣のそとにまで輝いているというあだ名で、軽大郎女《かるのおほいらつめ》がいかに美しい女性であったかを言い表している。後の民話に登場する「かぐや姫」の原形でもあったのだろうか。
まず、軽皇子《かるのみこ》の歌から紹介しよう。もっとも、皇子がうたった歌というよりも、踊りの輪のなかで、人々が歌垣としてうたった歌を、軽皇子《かるの》の歌として載せたものであろう。それをわたしなりに、編曲して紹介してみよう。

棚田に　水樋を引くように　ひっそりと　わたしが通う妹よ
声を忍んで泣く妹よ　今夜こそは　しっかりと抱きしめてあげよう

また、軽皇子《かるのみこ》はこんなふうにも歌っている。

霰が笹の葉に　ばしばしと音をたてる夜でも　共寝したあとは
別れたあとにも　愛しさがつのるよ　共に寝さえすれば
たとえ二人が　ばらばらになったとしも　共に寝さえすれば

軽皇子《かるの》は皇太子の地位を追われ、宿禰大臣《すくねおおおみ》の家に逃げて、軍備を整える。一方、アナホノ王子（弟の安康《あんこう》天皇）も軍をおこし、宿禰の家をとり囲む。宿禰は宮人振り《みやびとぶ》という歌をうたいながら、

アナホノ王子のまえに進みでて、

「わが大王《おおきみ》の御子よ、同腹の兄の王に兵を向かわせなさいますな。もし戦いを仕掛けなさいますなら、必ず世の笑いものとなりましょう。軽皇子《かるの》は、わたしが捕らえてお渡しいたしましょう」

と言って、軽皇子《かるの》を捕らえて引き渡した。その時、皇子のうたった歌。

空を飛ぶ雁のような　軽《かるの》の乙女よ　ひどく嘆き悲しむようなら
人が知ってしまうだろうよ　だから　波佐《はさ》の山の鳩のように
忍び泣きに　泣いておくれ
軽《かるの》の乙女よ　忍びやかに　寄って寝てお行きよ　軽《かるの》の乙女たち

また、伊予に流されるときにうたった歌。

空を飛ぶ鳥も　お使いができるのだから　鶴の鳴き声を聞いたら
わたしの名を言って　消息を聞いておくれ
大君のわたしを　島に流しても　いつかきっと帰ってくるよ
それまではわたしの畳を　そのままにしておいておくれ

畳とは言うけれど　ほんとうはわたしの妹のことだよ

ここで、ようやく軽大郎女《かるのおほいらつめ》の想い歌が献上される。

夏草のしげる　あいねの浜の　蛎殻《かきがら》に　足を踏みこんで
お怪我をなさいますな　夜が明けてから　お行きなさい

軽大郎女《かるのおほいらつめ》は恋慕の情に耐えかねて、軽《かるの》皇子を追って、伊予に行くときの歌。

あなたがお行きになって　ずいぶん日がたちました
ニワトコの向かい葉のように　お迎えに参りましょう
こうしてお待ちするのは　とても耐えられません

あとを慕って、伊予に着いたとき、待ちに待った想いを軽《かるの》皇子がうたった歌。

泊瀬《はつせ》の山の　大峰に幡《はた》を張りめぐらし　小峰にも幡《はた》を張りめぐらして

ふたりっきりの隠れどころに　仲良くできたよ　いとしい妹よ　ああ
槻弓《つきゆみ》（けやきの弓）のように横になっているときも
梓弓《あずさゆみ》のように立っているときも
いついつまでもわたしが愛撫してあげるよ　いとしい妹よ　ああ

次に、軽《かるの》皇子の同じような想いをうたった歌をみてみよう。それは読歌《よみうた》といわれていて、本居宣長によると、朗読されていた歌ではないだろうかと言う。いずれにしても、稗田阿礼や太安万侶が作った歌ではなく、世間に広くうたわれていた歌を拾いあげて撰録したものと思われる。

泊瀬《はつせ》の河の　川上に　祈りをこめて清めた杭を打ち　川下に
真心をこめた杭を打ち　清めの杭には　神を映す鏡をかけ
真杭には　神の依りしろの玉をかけ　その玉のように
わたしが大切に思う妹よ　またその鏡のように　わたしの心を映す妹よ
お前が家にいるというのなら　訪ねても行こうし　故郷も偲ぶのだが
悲しいかな　お前は家にはいない

このような歌のやり取りののち、ふたりは自ら死をえらび、この悲恋のものがたりは終わっている。

第四章　日本書紀

一、日本書紀の世界

『日本書紀』は『古事記』から八年おくれて、七二〇年に撰上された。同じように日本の歴史を書いたものだが、編集から文体そして内容まで、まったく違った書物になっている。日本書紀も古事記と同様、天武天皇の発想によって着手されたものだが、日本書紀には古事記のような序文がないので、どういういきさつで編集されたかを知るには、天武天皇の詔勅から推定するほかない。

その詔勅によると、天武一〇年（六八一年）二月、「律令撰修」の詔勅がでて、ついで三月には「国史撰修」の詔勅がでている。つまり、天武天皇は律令によって、専制的な中央集権国家をつくろうと意図すると同時に、国史によってヤマト王権の歴史的由来を伝えようとしたのであろう。

「国史撰修」の詔勅によって、川島皇子以下一二名に「帝紀」と「上古諸事」を記定させ、中臣《なかとみの》連大島《むらじおおしま》と平群臣子首《へぐりのおみこくび》とに筆録させるという詔《みことのり》が下された（『日本書紀の謎を解く』森博達）。これが日本書紀編集のはじまりである。ところが、それから五年後に天武天皇が亡くなり、その后が持統天皇となってから、六九一年に大三輪《おおみわ》氏ら一八名に、それぞれ祖先の墓記を書いて出すようにという詔が出されている。それはおそらく、日本書紀を編集するために必要となった文書であろうと思われる。このほかにも、中国の歴史書、仏典、儒教、易経など、当時の日本の最新の知識をあつめて、書紀の編集に活用されている。もっともそれ故に、本居宣長がきびしく批判しているように、日本書紀は漢心（からごころ）につつまれて上つ代の心が伝わらないという恨みはたしかにある。

『日本書紀』三〇巻と系図一巻（現在は喪失している）が撰上されたのは、元正天皇の養老四年（七二〇年）五月、編集責任者舎人親王《とねりしんのう》によって朝廷に納められている。着手から完成まで三九年の歳月を要している。そのあいだには、内容もずいぶん変わったものになったと思われるが、その流れを示すものとして三〇巻の本書にたいして、「一書曰」また「或云」・「一本云」という注釈書が一一書もあることからも推測される。とくに巻一四までの注釈書とそれ以後とはかなり違うので、この時期おそらく選者がおおきく入れ替わったのではないかと、岡田正之が『近江奈良朝の漢文学』で指摘している（『日本書紀の謎を解く』森博達）。日本書紀は古事記とちがって、すべて漢文体で書かれているが、巻によっては日本人の漢学者によって書かれたとおもわれる不完全な漢文体と、帰化人よる純然とした漢文体の巻がある。いづれにしても、長期間にわたる編集と、またその間の王朝の交代などがあり、その記述に一貫性がないことはやむをえないことである。

その構成をみると一、二巻が「神代編」で、三巻からは「人皇編」となり、諸代天皇の人となりや性情、また治世や戦乱、詔勅の類を記載しているが、それらは中国史書や類書からの借用が多く、その出典には注意して訓読しなければならないということである。ともあれ、初代神武天皇にはじまり、持統天皇一一年（六九七年）の譲位にいたるまでの、ほぼ六・七〇〇年におよぶ歴史を、編年のかたちに整理して書かれたものである。その意図は、中国の史書にならって日本の正史を書き残そうとしたわけだが、それは当然、ヤマト王権にとって都合のいいように書かれていることは致しかたない。もっとも、編纂に取りかかった時代から、それ以前の歴史は伝承以外にほとんど記録のない上代の資料を集めることは、はなはだ困難な作業であったことは推察できる。現在知られているかぎり、日本でつくられた文字資料としては五世紀中頃のものがもっとも古く、それ以前のものは現存しなかったのではないかといわれている。その資料は三点あり、ひとつは千葉県市原市稲荷台の古墳から出土した鉄剣の銘文で、わずかに五文字を読みとることができるにすぎない。あとの二点はすでに紹介した埼玉県の稲荷山古墳から出土した一一五文字の鉄剣の銘文と、熊本県江田船山古墳から出土した七五文字の鉄刀の銘文である。こうした遺品や遺跡、また最近つぎつぎと発掘された木簡などにより、五世紀以降の史実は日本書紀にもかなり取り入れられていることがわかった。ともあれ、外国の史書や日本の記録文章「天皇記・国紀」また「帝紀・旧辞」、それに口承でつたえられている物語などを利用して、国の起源を再構成しようとしたこころみは高く評価するに値する。それはまた、古事記とはちがった意味で、日本語の発達史を知るうえで欠かせない文献でもある。そうした言語的な考察はまた後ほどふれることにして、さきに紹介した『古事記』の宇宙観と『日本書紀』のそれとの違いがみられる箇所からのぞいてみることにしよう。

古天地未剖、陰陽不分、混沌如鶏子、溟涬而含牙。及其清陽者、薄靡而為天、重濁者、淹滞而為地、精妙之合摶易、重濁之凝竭難。故天先成而地後定。然後神聖生其中焉。

（いにしえに天地未だわかれず、陰陽分かれざりしとき、混沌として卵の如く、ほのかにきざしが芽生えていた。それが、しだいに晴れて、清く軽やかなものは、たなびいて天となり、重く濁ったものは、滞って地となった。精妙な気は群がりやすく、重く濁ったものはなかなか固まらない。それ故、天がまず出来、地がその後に定まる。しかる後、神がそのなかより生まれる）

この文章は、中国の『淮南子』と『三五暦紀』の文から引用してつなぎあわせたものだということである。なぜこの文章を日本書紀の最初にもってきたかというと、編者が中国の世界観を援用して、我が国の創世記を書こうと考えたからである。その世界観とは、陰と陽という二つの対立する気の運動から、世界の万物の生成と消滅とがはじまるというものである。ところが、天と地ができて、いきなり神が生まれるという構造になっている。したがって、イザナギノミコトが陽神となり、イザナミノミコトが陰神となってあい交わり、国生みがはじまることになる。その点、古事記と似ているようで、実は本質的なちがいがある。ひとつは「高天原」と「黄泉《よみ》の国」がないことである。古事記では、神々の集団が天上にあって、そこから地上への指示がいろいろだされている。つまり地上の神は同時に王権につながるものだが、その権威は高天原の神から〈こと依《よ》させ〉せられたものという構造になっている。そこがわが国の「祭政一致」という国のなりたちと、中国の「天命」によって国づくりをはじめることとのちがいである。『日本書紀』では、天という抽象的な宇宙から世界生成の原理をひきだすために、陰陽という思想的原理を援用して現実世界をつくりだしている。それは明らかに中国の思想であって、上古の日本人にはない考え方であった。文字のない上古の日本人、これをかりに縄文人として話しをすすめると、かれらには具体的なことばはあったが、概括的な考え方や抽象的なことばはまだなかったということである。高島俊男の『漢字と日本人』の一節を紹介すると、

それはこういうことだ。「雨」とか「雪」とか「風」とか、あるいは「あつい」とか「さむい」とかの、目に見え体で感じるものをさす、あるいは身体的な感覚をあらわすことばはある。しかし「天候」とか「気象」とかの、それらを概括する抽象的なことばはない。われわれはいま「お天気」ということばをごく日常にもちいているが、この「天気」という語も本来の日本

語ではない。これも、概括的、抽象的なことばなのである。同様に「春」「夏」「秋」「冬」ということばはある。しかしそれらを抽象した「季節」はない。

ということである。これは日本語の空間を考えるうえで非常に重要なことである。つまり文字が入ってくるということは、単にことばを文字化するということだけでなく、考え方そのものを根底から創造するという作業をともなっているからである。たとえば、人（和語読みでヒト・これを訓という）は具体的な単語であるが、人間（漢音でジンカン・呉音でニンゲン）ということばは古代人にとっては新語であり、抽象的な概念であった。つまり、目で見、手でさわるという実在感からではなく、漢語によって、抽象的な知的働きでしか知ることのできない言語に倭人がはじめて出会ったということである。本筋とは少しはずれるが、漢音と呉音のちがいについて説明しておこう。漢音は中国西北部のことばで、隋・唐の時代（六～八世紀）にわが国に伝わったものである。したがって、朝廷から直接派遣された学者や僧などによって、正式な中国のことばとして流布された。しかし、呉音はそれよりも早く、三～五世紀ころ、中国が南北朝に分裂していたころ、わが国は南朝の権威をもとめて中国に朝貢し、朝鮮半島を経由して使節を中国に派遣している。呉音はそのとき、中国南部の帰化人などによってもたらされた中国古代の揚子江下流域のことばである。仏典などにより、広く倭人に親しまれていたため、容易にはなくならないで現在もなお使われている。

ところで本題にかえろう。さきに『古事記』の冒頭の「天地初発之時」の解釈にはいろいろあることを紹介したが、『日本書紀』では「古天地未剖、陰陽不分、混沌如鶏子、溟涬而含牙。」ときわめて明解に解釈されている。なぜなら、古事記の「天地」は倭語で読むと、天はアメであり、ソラであり、オテントウサマであり、ツキやホシであったのだろう。また、地はツチであり、タンボであり、ノハラであり、モリであり、あるいはウミをイメージさせるものであったのかもしれない。ともかく、天地《アメツチ》は具体的な事物から発想されたことばである。ところが、日本書紀の「天地《テンチ》」という漢音で発音されたことばはまったく未知な、抽象的なことばであった。たとえばuniverseということばにテンチという送り仮名をつけて、それが宇宙を意味するといわれても、それを理解することはわれわれにも困難なように、古代人にとって天地《てんち》という漢語から、それが空や大地のことを意味していることはわからなかっただろう。それから一三〇〇年ちかくたって、いまでは漢字になれたわれわれにとって、「天地」という漢語がなにを意味するかは容易に理解できるようになっている。

『日本書紀』は漢文で書かれているといっても、漢音で読むわけではない。いや、漢音で読もうとしても、音の高低の変化が日本語とはまるで違っていて、正確な発音はできないということである。中国語にはおなじ漢字に四通りの発音があり、その高低によって意味もまた違っている。たとえば、paiという漢語の音節を、高い声でpaiというと「たたく」ということばになり、語尾をあげると「ならべる」ということばになり、下げて発音すると「行け」ということばになると、高島俊男は『漢字と日本人』という本で説明している。しかも、この三つのことばにはなんの共通性もないというからふしぎである。実は古代に、中国語（学術語としてはシナ語という）が倭に入ってきたとき、四通りの発音、平声《ひょうしょう》・上声《じょうしょう》・去声《きょしょう》・入声《にっしょう》で語られていたという。そのうちで平声、上声、去声は倭人には発音できなくて消えてしまったが、わずかに入声という声調だけが残った。入声とはどういうものかというと、

「これは一語のおしまいにp、もしくはt、もしくはkの子音がつく音です。さいわい英語にもこの種のことばはいっぱいあるからわかりやすい。まずpでおわる単語は、top. cap. shipなど。tでおわるのはbut. cat. hitなど。kでおわるのはlook. back. kickなど。こういうことばが中古漢語にもたくさんあった。こういうふうに一語のおしまいのところがつまるのも声調の一種で、これを「入声《にっしょう》」と言うのです。（小略）

ところが、日本人はこういう発音ができないんですよ。だから全部あとに母音をくっつけちゃう。topはtopuトップ、hitはhitoヒット、backはbackuバックというふうに。いまはpとkにはuを、tにはoをつけることにほぼきまっているが、以前はkにはiをつけていうことが多かった。インキ、ケーキ、チッキ、ステッキ、ストライキのように。千数百年まえにもおな

じことがあった。pにはuを、tとkにはiもしくはuをつけて発音していた。」（前書による）

「日本語の空間」という命題からみて、とても興味のある変化である。日本書紀の音韻についてはまたのちにふれるとして、いまひとつハヒフヘホの発音の変化について高島俊男の本から紹介してみよう。

奈良時代ころまでは、ハヒフヘホの発音はすべてpa pi pu pe poと言っていた。したがって、たとえば母ハハはパパという p音で発音されていたという。ところが、平安時代ころからそれがf音に変わって、fa fi fu fe foとなった。ハハはパパからファファへと変わる。この発音は江戸時代のはじめごろまでは使われていたようで、たとえば「広い野原」という発音は「フィロイノファラ」と聞こえていたということである。それが現在はha hi fu he hoという変則的な発音となっているが、それは日本語の過渡期にあたるからであろうということである。実例を二つ紹介すると、「急」という漢語はkipという発音だが、倭語ではkipuとなり、時代がすすむとpがfにかわってkifuとなり、さらにfが抜けおちてkiuとなり、現在ではiが長音となってkyu-（キュー）となっている。いま一つの例は、「蝶」という漢語の発音はtepだが、倭語ではtepuとなり、pがfにかわってtefuに変化し、fが脱落してteu（テウ）となる。かつてわたしが小学生のころには、蝶々のことをテフテフとふりがなをつけるように教えられたという記憶がある。むろん現在ではcho-cho（チョーチョ）

という発音となっているが、いつまた変化するか知れたものではない。わたしが「日本語の空間」に関心をもつようになったのも、最初にも話したように、現在のすさまじい言語の変化がどうなるかという興味からであって、学問的な知識も意図もいささかもないことをお断りしておこう。

話がだいぶ脇道にそれたが、中国語を日本語に翻訳することがいかに困難なことであったかをわずかに知ることができたようにおもう。本来、シナ語と倭語とはまったく系統のことなる言語であった。それが三世紀のおわりの、ヤマト王権成立のころから、表記された言語による帰化人の有用性を活用して、宣命文によって王権の伸張をはかるとともに、漢語化された倭語は奈良地方からだんだん地方へと普及していったようである。そして八世紀初頭の『古事記』『日本書紀』『万葉集』さらに『風土記』などによって、日本語の言語体系ができあがりつつあった。ほぼ四・五百年の歳月を要している。それを可能にしたのは、ヤマト王権の朝鮮・中国とのさかんな交流による書籍や経文の輸入と、王朝の保護のもとに、相互の学者や僧侶たちの交流や留学によって、倭語が漢語へ順応していったのであろう。だが、言語体系のちがうことばが移入同化されて、一つの言語体系をつくりあげるということは、世界にも例のないことだといわれている。つまり「日本語」という、古代語と漢語とのミックスした特殊な言語ができあがったわけである。これまで「日本人の起源」というルーツをいろいろたどってみたが、モンゴロイド系統という以外に特殊な種族とはいいがたいことがわかった。ところがこの段階で、「日本人とは日本語を話す民族」であるという特性が明らかになったといえるのではなかろうか。そして、それはまた「日本人の起源」としてはそれで十分だとおもわれる。

この時期、日本語はまだ生まれたばかりの段階で、語彙《ごい》もわずかであった。それが漢語の流入によって急速に拡大普及されていった。そのために、大部分の古代人にとって、「日本語」は意味不明の言語であっただろう。だが、そのことばの遺伝分子は、縄文人から弥生人、そして大和朝廷へと引き継がれてきた痕跡が当然のように残っている。本居宣長が『古事記伝』で強調している「古《いにしえ》のまことの意《こころ》」はたしかに『古事記』には感じられるが、日本人の本質はそれがすべてではない。いってみれば、古事記には豊かな感受性による物象とのふれあいが感じられるのにたいして、日本書紀には知性による新たな概念への模索がはじまっているといえるのではなかろうか。この違いはおそらく言語のもつ資質によるものであろう。『古事記』にはさきにもふれたように、感性による直接的な表象によって、物象世界をとらえるという縄文人のことばが生かされている。縄文人のことばには、助詞や助動詞、また語尾変化によって、微妙な感情をつたえることができる特性がある。そのために、シナ語の観念的抽象的言語によらない、人間的な感性の伝達がある程度できていたのだろう。『古事記』に「古《いにしえ》のまことの意《こころ》」が感じられるというのは、おそらく古事記が稗田《ひえだの》阿礼《あれ》と太安万侶《おおのやすまろ》との協同による口誦《こうしょう》言語からなりたっていたからであろう。一方、『日本書紀』は漢文による中国語の抽象的な言語を使うことによって、概念的な知的論理からくる、堅苦しい、男性的な文体となっている。この特質は縄文語にはないものであって、その点、日本書紀は日本人の思考力に、はかりしれない恩恵をもたらしたといわざるをえない。それはまた、律令制の政治組織と一体となって、日本人の精神構造の主体となっていった。現在でもなお、それは確固として、わたしたちの精神の根幹となっていることは看過できない。本居宣長が嘆いたように、縄文語の消滅とともに、古《いにしえ》のこころも陰をひそめてしまったのである。なぜそういうことになったかというと、『古事記』がほとんど読み返されることがなかったのに反して、『日本書紀』はただちに宮廷において講書がはじまり、貴族や官人の基礎知識としての研修に活用されたからではなかろうか。漢語の学習は中国の経文が主体であったが、官人としての職業柄、漢語化された「日本語」の文章が書けないことには役人としての仕事ができなかった。たとえば、律令制による「大学寮」の研修生は、一日二升（三・二キログラム）の給付米で、七、八枚の写経を義務づけられていたということである。ともかく、こうして文章を書くことをおぼえた人たちが役人となり、中央や地方の役所の仕事をしていたというのが、日本の行政機構の構図であった。この構造は、明治初期の西洋の政治の仕組みからの圧倒的な影響があったにもかかわらず、今日まで日本人の精神構造の主要な遺伝分子として受けつがれていることはふしぎといわざるをえない。

二、史実と物語性

巻三は「人皇編《じんこうへん》」で、九州の日向から東征してヤマト王権を樹立した神日本磐余彦天皇《かむやまといはれひこすめらみこと》（神武天皇）の事績を述べたものである。年代的には紀元前六六〇年ということになっているが、むろん中国の干支《かんし》にしたがって推古天皇の六〇一年（辛酉《しんゆう》）から天命の改まる大辛酉《だいしんゆう》までさかのぼって一、二六〇年まえに設定されたものである。それが架空のものだからといって、ヤマト王権の日本統一そのものを疑うわけにはいかない。ただ、第二章の「大和朝廷の成立」で検討したように、ヤマト王権のまえにヤマタイ国が倭国を統一していたのではないかという説がいまのところもっとも有力な推定となっている。記紀にはヤマタイ国の存在は書かれていないが、この地方に有力な豪族たちがいたことは書かれている。「神武天皇」編ではその豪族たちを征服する事績が語られている。その最後の戦いが長髄彦《ながすねひこ》との戦いである。鳥越憲三郎の『邪馬台国は物部王朝だった』という説によると、長髄彦《ながすねひこ》は饒速日命《にぎはやひのみこと》という天孫に仕える大和の支配者であったということである。その饒速日命《にぎはやひのみこと》が物部氏の祖先であることがこの巻三では記されている。原文を省略して、訳文を紹介してみよう。

時に長髄彦《ながすねひこ》が使者を送って、天皇に告げるには、

「むかし天神《あまつかみ》の御子が天磐船《あめのいわふね》にのって天《あま》くだってこられました。名は櫛玉饒速日命《くしたまにぎはやひのみこと》と申されます。この方がわたしの妹三炊屋媛《みかしきやひめ》をめとり、御子をお生みになりました。可美真手命《うましまでのみこと》と申されます。それ故、わたしは饒速日命《にぎはやひのみこと》を君として仕えてまいりました。とすると、天神《あまつかみ》の御子がお二方おられることになりますが、そんなはずはありません。それなのに、どうしてまた天神《あまつかみ》の御子と称して、人の国を奪おうとされるのですか。わたしが察するところ、あなたが天神《あまつかみ》の御子というのは本当ではありますまい」と申しあげた。そこで天皇が言われるには、

「天神《あまつかみ》の御子といってもたくさんおられる。お前が君として仕えている方がほんとうの御子なら、かならずその印の品があるだろう。それを見せなさい」と。そこで長髄彦《ながすねひこ》は饒速日命《にぎはやひのみこと》の天羽羽矢《あまのははや》一本とその矢をいれる靫《うつぼ》とを取りだして天皇にお見せした。それをごらんになって、

「偽りごとではなかった」とおっしゃって、こんどは自分がもっている天羽羽矢《あまのははや》一本とその靫《うつぼ》を長髄彦《ながすねひこ》にお見せになった。長髄彦《ながすねひこ》はその天上の印をみて、いっそう畏《かしこ》まった。(中略)

天皇は饒速日命《にぎはやひのみこと》が天上界から天《あま》くだった者であるということを知り、いままた忠誠のまことをつくしたので、これをほめて寵愛された。これが物部氏の祖先である。

ヤマト王権ができるまえに、すでに天上界から天《あま》くだった正当な支配者が大和にいたことを日本書紀は認めている。日本書紀が認めているということは、同時に大和朝廷も承認していたということである。とすると、『魏志倭人伝』に書かれている邪馬台国が、ヤマト王権にさきだって大和地方を支配していたことを承知のうえで、これを史実から抹殺したということになる。もっとも、それでは饒速日命《にぎはやひのみこと》の立場がなくなるので、ヤマト王権の臣下としての物部氏をその祖先として残したのではなかろうか。いまのところ、鳥越憲三郎以外に、邪馬台国とヤマト王権との関係をのべた説をわたしは知らないが、邪馬台国における政権の交代というのがもっとも合理的な筋道のようにおもわれる。なぜなら、『魏志倭人伝』にヒミコがクナ国との戦いを告げて間もなく亡くなっている記録はあるが、次のトヨの時代にはクナ国も邪馬台国に併合されて、倭国の統一国家が中国との外交をすすめているという記事（二六六年・晋書武帝紀）がある。それ以前に、邪馬台国に対抗する、ヤマト王権のような強力な国があったことは、遺跡からも資料からもうかがうことはできない。

いまひとつ『魏志倭人伝』にふれた箇所がある。『日本書紀』巻九の「神功皇后」の三九年・四〇年・四三年の項に、注という形で記録されている。短いので原文を紹介してみよう。

魏志云、明帝景初三年六月、倭女王遣大夫難斗米等、詣郡、求詣天子朝献。鄧夏遣吏将送詣京都也

（魏志曰く「明帝の景初三年六月、倭の女王は大夫難斗米《なんとまい》らを派遣し、郡（帯方郡）に来て、天子にお会いして貢ぎものを捧げたいと申し出た。太守の鄧夏《とうか》は役人をつき添わせて洛陽に送った」）

魏志云、正始元年、遣建忠校尉梯携等、奉詔書・印綬、詣倭国也

（魏志曰く「正始元年、建忠校尉梯携《けんちゅうこういていけい》らを遣わし、詔書や印綬を持たせて、倭国に行かせる」）

魏志云、正始四年、倭王復遣使大夫伊声者・掖耶約等八人上献

（魏志曰く「正始四年、倭王はまた使者の大夫伊声者・掖耶約《えきややく》ら八人を派遣して上献する」）

いずれも『魏志倭人伝』に書かれていることで、ヒミコのところで紹介したことだが、『日本書紀』には「倭女王」また「倭王」とあるが、卑弥呼という名称は使われていない。かといって神功皇后とも書かれていないが、巻九の「神功皇后」編に載っている以上、当然それは神功皇后のようにうけとられる。名称を書かないのは、明らかに編者が意図したものと思われる。しかし、景初三年は西暦二三九年、正始元年は二四〇年で、いずれもヤマタイ国が健在で、倭の女王がヒミコであることは『魏志』に明記されているとおりである。では神功皇后はいったい何者なのか、いやヤマト王権そのものが存在していたのか、という疑問が生じる。二六六年、倭の女王が西晋に朝貢した

という記録が『晋書武帝紀』にあるが、この女王はヒミコのあとをついだ、トヨまたはイヨではないかと推定されている。ということは、邪馬台国にかわるヤマト王権はまだ成立していなかったということになる。そこらを明確にする資料はないが、四二一年の「倭王讃、宋に遣使し、除授を受ける」という『宋書』の記録から逆算すると、允恭・反正・履中・仁徳・応神天皇にまでさかのぼったあたりがヤマト王権の成立した年ではないかと推定される。したがって、神功皇后は架空の人物ということになるが、実際には、ヤマト王権の胎動期に活躍した皇后に擬することができるだろう。それが年代的にいつごろか明記することはできないが、ほぼ西暦三六〇年前後ではなかろうか。ヒミコの亡きあと、ヤマタイ国にどういう変動があったのか知る資料はない。だが、呪術的祭司権が国家体制の進展とともに、早晩変革されるだろうことは予測される。それが神功皇后のあとをついで、第一五代応神天皇の代になったとき、ヤマト王権の国家体制が確立したのではないかというのが、もっとも無難な想定といえるだろう。ここらで『日本書紀』の史実的考察は中断して、わたしの興味のある話題を取り上げることにしよう。

巻一一は応神天皇のあとをついだ仁徳天皇の巻だが、天皇の事績として「民の竈《かまど》の煙がたたないのを見て、三年間税金を免除した」というふうに、仁政をほどこした天皇というイメージで語られているが、むろんそれは日本書紀述作者の潤色した美談である。むしろこの時代、応神天皇陵にしても仁徳天皇陵にしても、今日でもその偉容を誇る巨大古墳の造営による負担によって、庶民のくらしは決して楽ではなかったろうと思われる。それはともかく、仁徳天皇の項で興味深いのは皇后の嫉妬を克明に記していることである。その一例を紹介してみよう。原文は省略することにする。

仁徳天皇二十二年（注・西暦三三四年相当）の春正月、天皇が皇后（磐之媛《いわのひめ》）に話されるには、

「八田皇女《やたのひめみこ》を召して妃としようと思う」とおっしゃった。ところが、皇后はお聞き入れにならなかった。そこで天皇は、次のような歌をよまれて皇后に懇望された。

〈貴人のあいだでは　本弦が切れたときのために　予備の弓弦を備えておくものだが　お前がいないときのために　八田皇女《やたのひめみこ》を並べておきたいのだ〉

それにたいして、皇后は次のような答歌をよまれた。

〈衣なら　重ね着してもよいでしょうが　寝床を　二つ並べようとなさるあなたは　なんと恐ろしい方ですか〉

こんどは天皇が歌をよまれた。

〈難波の岬の　並び浜のように　ふたりが並んでこそ　その媛《ひめ》も生き甲斐があろうものを〉

〈夏の蚕が　まゆを二度つくるように　ふたりの女のなかに隠れ宿るのは　決してよいこと

ではありません〉
〈朝妻（注・皇后の出身地名と朝かえりの男をかけた言葉）の　日陰の小坂を　片思いの悲しみで　泣きながら行くものも　道連れがあればこそ慰められるものよ〉

　それでも皇后は、なお許すまいとおもわれたので、黙ったまま返答をなさらなかった。

　この話のつづきとして、三〇年の秋のこと、皇后は紀州へ船で行かれ、新嘗祭《にいなめさい》の御神酒《おみき》をもるカシハの葉をつんでかえられた。この日、天皇は皇后の留守をみすまして、八田皇女《やたのひめみこ》を召して宮中にお入れになった。皇后は難波の沖で、天皇が媛《ひめ》を召されたことを聞き、取ってきたカシハの葉をぜんぶ海に投げすて、上陸しないでそのまま倭に向かわれた。そして山背《やしろ》の筒城岡《つつきのおか》に宮をたてて、そこにお住みになった。天皇はなん度か迎えの使者をたてられたが、皇后は口もきかれなかった。十一月、天皇自身が山背の筒城宮《つつきのみや》を訪ねられたが、皇后はついにお会いにならなかった。そして三五年の夏六月、皇后磐之媛《いわのひめ》命は筒城宮《つつきのみや》で亡くなられた。三八年春、天皇は八田皇女《やたのひめみこ》を皇后におたてになった。

　これらの話は歌とともに語られている。こうした文章形式は、のちの『源氏物語』などにもたびたび使われているが、これはまだ文字のないころの口誦時代に、古代人の感情表現のひとつの方法であったのだろう。それは前節、『古事記』の「悲恋の歌がき」で、木梨軽皇子《きなしのかるのみこ》と軽大郎姫《かるのおおいらつめ》とのみちゆきでも紹介したことだが、『日本書紀』ではこの悲恋はかなり変形して語られている。それを巻一三の「允恭天皇《いんぎょうてんのう》」の項からみて見よう。

允恭天皇《いんぎょうてんのう》は木梨軽皇子《きなしのかるのみこ》や軽大郎姫《かるのおおいらつめ》の父である。ところで、絶世の美女「衣通郎姫《そとほしのいらつめ》」は軽大郎姫《かるのおおいらつめ》ではなく、允恭天皇《いんぎょうてんのう》の皇后の妹、弟姫《おとひめ》となっている。また、伊予にながされたのは軽大郎姫《かるのおおいらつめ》だけで、木梨軽皇子《きなしのかるのみこ》は物部の大前宿禰《おおまえのすくね》の家にのがれて、穴穂皇子《あなほのみこ》（のちの安康天皇《あんこうてんのう》）と争おうとするが、大前宿禰の援助もうけられず、自殺している。次に日本書紀の「允恭天皇《いんぎょうてんのう》と弟姫《おとひめ》との恋物語」の一部を紹介してみよう。

允恭天皇《いんぎょうてんのう》七年（西暦四一八年相当）の冬、新宮殿で宴会をされたとき、天皇はみずから琴をひかれ、皇后は立って舞われた。舞おわると、舞手は「娘子《おみな》を奉ります」というのがならわしとなっていたが、皇后はその礼ごとをなさらなかった。天皇は「どうして常の礼をしないのか」とおとがめになった。そこで皇后はふたたび立って舞われた。そして「娘子《おみな》を奉らん」とおっしゃった。天皇はすかさず、「その娘子《おみな》はだれか」とお尋ねになった。皇后はやむなく「わたしの妹、弟姫《おとひめ》です」とお答えになった。弟姫《おとひめ》は絶世の美人で、その色香は衣をとおして輝いていた。天皇の気持ちが衣通郎姫《そとほしのいらつめ》に傾いていることを知っておられた皇后は、最初、あえて礼ごとをなさらなかったのである。ところが再度の催促で、皇后は妹を奉った。天皇はよろこんで、さっそくあくる日には使者をだして弟姫《おとひめ》をお呼びになった。

その頃、弟姫《おとひめ》は母にしたがって近江の坂田にいたが、弟姫《おとひめ》は皇后の気持ちを知っていたので、天皇のお召しには応じなかった。天皇はかさねて七度お召しになったが、やはり固辞して参内しなかった。そこで天皇は、舎人の烏賊津使主《いかつのおみ》に「弟姫《おとひめ》を召しつれてくるように」と堅くお命じになった。

使主《おみ》は七日七夜、弟姫《おとひめ》の屋敷の庭に伏せて、お出でを願った（この手管は仁徳天皇の皇后磐之媛のときにも使われている）。弟姫《おとひめ》は使主《おみ》の命を気遣って、従うことを承知した。天皇はそれを聞いてよろこばれ、使主《おみ》をあつく優遇された。しかし、皇后のご機嫌はよろしくなかった。そこで天皇は、弟姫《おとひめ》を宮中に近づけることをさけて、藤原（のちの藤原宮の地）に別邸を建てて、そこに住まわせられた。ところが、皇后が大泊瀬皇子《おほはつせのみこ》をお生みになるその宵、天皇ははじめて藤原宮にお行きになった。それをお聞きになった皇后はふかくお恨みになって、

「ひどいことをなさる天皇よ。わたしがいま、出産で死生のさなかにあるというのに、どうして今宵にかぎって藤原へお行きになられるのですか」

とおっしゃって、自分から産室を焼いて死のうとされた。天皇はそれを聞いて、たいそう驚かれ、

「いや、わしが悪かった」といって、皇后のお心をなぐさめられた。

八年の春二月、天皇はこっそり藤原宮に行かれて、衣通郎姫《そとほしのいらつめ》のようすをうかがわれた。その夜、姫《ひめ》は天皇のことをしのんで、ひとり物思いにしずんでいた。天皇がお出でになっていることを知らずに、恋しい気持ちを歌によんだ。

「今宵あたり　背の君が来てくださるような気がする　蜘蛛がせわしく糸を張っているのが目立ちますから」

天皇はこの歌をお聞きになって、心を打たれ、次のような歌をつくられた。

「錦おりの美しい腰ひもをといて　いく晩もいっしょに寝たいのだが　それもかなわないので　今宵ひと夜だけでもともに寝しよう」

とおっしゃった。翌朝、井戸のそばの桜の花をごらんになって、

「なんと美しい桜の花よ　おなじ愛するのなら　もっと早くから愛すればよかった　惜しいことをした　わが愛する姫よ」とおっしゃった。

皇后がこれをお聞きになって、またたいそう恨まれた。そこで衣通郎姫《そとほしのいらつめ》は天皇に次のようなお願いをなさった。

「わたしはいつも王宮の近くにいて、昼も夜も、ずっと陛下のお姿を見ていたいと存じます。でも、皇后はわたしの姉です。わたしのために、いつも陛下をお恨みになり、またご自身もお苦しみになります。ですから、お願いですから、わたしを王宮からはなれた遠いところに住ま

わせてください。そうすれば、皇后のねたみも少しはおさまるのではないでしょうか」

天皇はただちに、宮室を和泉の国の河内にたてて姫を住まわせられた。それからは、狩猟にことよせてしばしば和泉の国の日根野におでかけになるようになった。

一〇年の春正月にも河内の宮にお出でになるので、皇后がおっしゃるには、

「わたしは毛すじほども弟姫《おとひめ》をねたむから申し上げるのではありません。ですが、陛下がしばしば河内へ行かれますと、百姓たちにとっては負担になるのではないかと存じます。どうかお願いですから、行幸の回数をおひかえください」

といわれた。その後は行幸もまれになった。

一一年の春三月、天皇が河内にお行きになったとき、衣通郎姫《そとほしのいらつめ》がおうたいになった歌。

「いつもいつも　お会いできるわけではありませんね　海の浜藻が波打ちぎわに寄せるように　ときたまでも逢って下さい」

すると天皇が姫におっしゃるには、

「この歌を他人に聞かせてはいけないよ。皇后の耳にはいったら、またきっと、たいそう恨まれるだろうからね」

以上で、この恋物語はおわっている。そのあとは、木梨軽皇子《きなしのかるのみこ》と軽大娘皇女《かるのおほいらつめのひめみこ》との悲恋の物語

となるのだが、古事記とくらべてその格調はいちだんと低い。ただ、皇子も皇女もともに皇后のお子で、容姿はすぐれて妙艶であったというから、弟姫《おとひめ》姉妹の血をうけついでいたのであろう。それにしても、仁徳天皇の恋も、允恭天皇《いんぎょうてんのう》の恋も、王としてはいささかスケールが小さいように思われる。庶民的といえば庶民的だが、おそらく作者の器量によるのであろう。『日本書紀』の執筆者についてはのちにふれるが、謎の部分が多い。たとえば允恭天皇《いんぎょうてんのう》の第五皇子大泊瀬幼武天皇《おほはつせわかたけるのすめらみこと》（雄略天皇）の巻となると、埼玉県の稲荷山古墳や熊本県の江田船山古墳の刀剣に名を残しているようなヤマト王権の君主としてのすぐれた人物像というよりも、むしろ凶暴な暴君として描かれている。その女性関係もまた強引な一面があるので紹介してみよう。雄略天皇元年（西暦四五七年相当）に四人の妃を迎えられているが、いずれも悪縁といってもいいような結婚である。

まず草香幡梭姫皇女《くさかのはたびひめのひめみこ》をめとって皇后とされるが、皇女はかって雄略天皇の兄の穴穂天皇《あなほのすめらみこと》（安康天皇）によって殺された大草香皇子《おおくさかのみこ》の妹である。皇子が殺される原因も使者にたてた根使主《ねのおみ》の虚言によって、誤って殺されたのだが、もともと草香幡梭皇女《くさかはたびのひめみこ》を大泊瀬皇子《おおはつせのみこ》（のちの雄略天皇）の妃にむかえようとして、それが果たされなかったからである。結局、大草香皇子《おおくさかのみこ》が殺されたのち、妹の草香幡梭皇女《くさかはたびのひめみこ》は大泊瀬皇子《おおはつせのみこ》のもとに嫁がされることになるのだが、今日の感情からすれば理解できないことである。

つぎの韓媛《からひめ》は葛城円大臣《かつらぎのつぶらのおほおみ》の娘で、これまた大泊瀬皇子《おおはつせのみこ》によって攻め滅ぼされるとき、許しの代償として差し出された娘をめとるわけである。だが、皇子はその父親を屋敷とともに火をつけて焼き殺すという信じられないような所業をしている。円大臣《つぶらのおほおみ》については古事記でも紹介したが、大《おほ》草香皇子《くさかのみこ》の息子（眉輪王《まゆわおう》）で、母とともに穴穂天皇《あなほのすめらみこと》にひきとられて養育されていたが、父が殺されたことを知って、穴穂天皇《あなほのすめらみこと》を殺し、助けをもとめて円《つぶらの》大臣の家に逃げ込むという物語がある。その眉輪王を大泊瀬皇子《おおはつせのみこ》が兄天皇の仇として討ちとろうとして、それをかばう円《つぶらの》大臣とともに殺すことになったといういきさつはある。それにしても、父を殺された韓媛《からひめ》の心は、決して大泊瀬皇《おおはつせのみ》子《こ》を許す気にはなれないだろう。

つぎに吉備上道臣田狭《きびのかみつみちおみたさ》の妻稚媛《わかひめ》を妃としてめとっている。これもまた人道にはずれた強奪結婚で、天皇記といわれる日本書紀によくも書き残されたものだというほかない。簡単に紹介すると、田狭《たさ》が「自分の妻ほど美しく華やかな美人は天下にいない」としきりに役所で自慢するのを、天皇もほのかにお聞きになって、内心妃として迎えたいと思われた。そこで田狭《たさ》を任那《みまな》の国司として任命され、しばらくして稚媛《わかひめ》をお召しになった。田狭《たさ》はすでに任地におもむいていたが、天皇が自分の妻を召しかかえられたということを聞いて、新羅《しらぎ》に助けを求めた。しかしその頃、倭と新羅《しらぎ》は仲がわるかったので、新羅《しらぎ》の援助は受けられなかった。結局、稚媛《わかひめ》は天皇が亡くなるまで妃として仕えたようだが、その怨念は決して消えるものではなかった。天皇が亡くなったことを知って、稚媛《わかひめ》は王位の転覆をはかり、次男の星川王子とともに難波の大蔵の役所をおそって占有し、外門をとざして外敵にそなえた。時の大連《おおむらじ》大伴室屋は「大泊瀬《おおはつせの》天皇の遺言にしたがって、皇太子を奉るべし」といい、軍をおこして大蔵をかこみ、火をつけて稚媛《わかひめ》と星川王子らを焼き殺した。怨念ははたされなかったが、その志ははたしたといえるだろう。

つぎに、天皇は童女君《わらはのきみ》とともに寝《ね》するが、一夜をともにしただけで童女君《わらはのきみ》は身ごもり、女の子を生んだ。童女君《わらはのきみ》はもと宮中に仕える采女《うねめ》であった。天皇は疑わしいと思ってその子を養育されなかった。ところが、ひとり歩きできるようになって、庭を歩いているのをみて、物部大連《おおむらじ》が、

「かわいらしい女の子だなあ。おまえはお母さん似なのかえ、いったいだれの子なんだろうかね」

と、わざと天皇に聞こえるようにいった。

「なぜそんなことを聞くのか」

と天皇はおっしゃった。

「歩く姿を見ていると、天皇によく似ておられますので」と答えた。

「みんなそう言うが、一晩で子ができるというのは普通ではないから、わしの子かどうか疑っているのだ」

「では、一夜になんどお召しになりましたか」

「七回呼んだ」と天皇は答えられた。

「この娘は清い身と心で、一夜を天皇のお召しにおこたえしたのです。私の聞いたところによる

と、身ごもりやすい女は褌《ふんどし》がからだにふれただけで身ごもるということです。まして一晩じゅう床をともにしながらお疑いになるとは……」

天皇は大連に命じて、女の子を皇女とし、童女君《わらはのきみ》を妃にとりたてられた。これはほほえましい話だが、百済《くだら》の池津媛《いけつひめ》の話は陰惨である。天皇は百済《くだら》から池津媛《いけつひめ》をお召しになったが、媛はしたがわず、石川楯《いしかわのたて》と密通した。天皇は怒って、二人の手足を木に張付け、桟敷のうえにのせて焼き殺させたという。

つぎに、天皇がまだ大泊瀬皇子《おほはつせのみこ》といっていたころ、瑞歯別天皇《みづはわけのすめらみこと》（反正天皇）の娘らに求婚したところ、

「皇子はいつも強暴でいらっしゃいます。突如としてお怒りなったかと思うと、朝にお会いしたものが夕べには殺され、夕べにお逢いしたものが朝には殺される。いまわたしたちは容貌も美しくないし、また人となりも稚拙です。もしふる舞いやことばが少しでも皇子のこころにかなわないならば、どうしてむつみあうことができましょうか。そういうことで、お言葉にしたがうわけにはまいりません」

といって、ついに逃れてしまわれたということである。雄略天皇の横暴は若い頃からつとに人々の知るところであったのであろう。

最後に、ユーモラスな話をひとつ付け加えておこう。これは日本書紀にはなくて、古事記にのっ

ている話だが、ある時天皇が泊瀬川《はつせがわ》のあたりを遊行していると、川辺で洗濯している乙女をご覧になった。顔かたちがよいので、天皇は、

「お前はだれの子か」とお問いになった。

「はい、わたしは引田部《ひけたべ》の赤猪子《あかいこ》と申します」と答えた。そこで天皇は、

「お前は嫁がずにおれ、そのうち迎えにくるぞ」といって、お帰りになった。

乙女は天皇のお呼びを待って、すでに八〇歳となった。赤猪子《あかいこ》は、

「お迎えをお待ちしているうちに、あまたの年がたって、顔かたちもおとろえて、これ以上お待ちしても望みがなくなってしまいました。だけど、お待ちしていたこころをお知らせしなければ、わたしの鬱屈した思いが晴れません」

という怨念から、たくさんの贈り物をもって宮中に参内した。そして、大命を仰ぎ待って今日に至ったことをお話した。天皇はたいそう驚かれ、

「わしはもうそのことはわすれておった。だが、お前が操をまもって、いたずらに盛りの歳を過ごしたことはいとしいことである」

とおっしゃって、内心まぐわいをしようと思われるけれど、赤猪子《あかいこ》のひどく老いぼれた姿をみるとその心も萎え、かわりに歌をお送りになった。

神社の杜の　大きな樫の木の下で
樫の木の下で　畏れ多いことだよ
樫の木原の乙女よ
引田部《ひけたべ》の　若い栗の木原の乙女よ
若いときに　とも寝《ね》すればよかっものを
哀しいかな　歳とってしまったものよ

この歌を聞いて泣く赤猪子《あかいこ》の涙が、赤い服の袖をすっかり湿らせてしまったという。

三、倭習《わしゅう》と外来語

『古事記』は太安万侶《おおのやすまろ》と稗田阿礼《ひえだのあれ》という特定の人によって書かれていたために、文章に一貫性がある。ところが『日本書紀』になると記述者がだれなのか分からないばかりでなく、内容も、また書かれた巻の順序も一定していなかったようだ。森博達の『日本書紀の謎を解く』によると、巻一四～巻二一までと巻二四～巻二七は中国の唐の人によって書かれたものとおもわれるといっている。なぜなら、文章が正格漢文で書かれており、歌謡や訓注が中国原音（唐代北方音）によって表記されているからである。では誰かということになると、序文も後記もないので推定するほかないが、森博達によると、「浄御原令《きよみはらりょう》」による最初の音博士《おんはかせ》〈中国北方の標準音を教授〉は七世紀末の続守言《しょくしゅげん》と薩弘恪《さつこうかく》という唐人であったから、かれらによるのではなかろうかという。続守言《しょくしゅげん》は六六〇年の唐・新羅《しらぎ》連合軍と百済《くだら》との戦いで捕虜となり、斉明天皇七年（六六一年）に百済《くだら》から献上されて来日したということである。薩弘恪《さつこうかく》の来日は不明である。かれらがなぜ日本書紀の記述者かというと、まず正確な唐音で書いているということと、持統三年（六八九年）に稲を賜い、五年に銀二十両、六年に水田四町を貰っているからである。これは日本書紀記述の進展にともなう報償としか考えられない。なお、巻二一の途中でとつぜん筆者がかわり、倭習《わしゅう》の漢文になっているという。おそらく続守言《しょくしゅげん》がたおれて執筆できなくなったからだろうといわれている。薩弘恪《さつこうかく》は巻二四〜二七を執筆すると同時に、「大宝律令」の選定にも参画していたようで、奉勅者のなかにその名があげられている。

ところで、倭習《わしゅう》というのは書紀の本文のなかに、倭訓《わくん》にもとづく語句の誤用があることをいうのである。森博達がもっとも倭習《わしゅう》の多い部分として引用している箇所を取り上げてみよう。特に誤用が多いとも思われないが、正格漢文からみれば稚拙な漢文ということになるのだろう。ともかく森博達の注釈にしたがって原文をみてみることにしよう。

大臣（蝦夷）令阿部臣、語群臣曰、

「今天皇既崩無嗣。若急不計（注・若不急計が正格）、畏有乱乎（注・畏は恐有乱、乎はいらない）。今以詎王為嗣（注・詎ではなく孰とする）。天皇臥病之日、詔田村皇子曰、『天下大任。本非輙言。爾田村皇子、慎以察之。不可緩』。次詔山背大兄王曰、『汝独莫諠讙（注・汝莫独諠讙が正格）。必従群臣、慎以勿違』。則是天皇遺言焉。今誰為天皇」。

時群臣嘿之無答（注・之は漢字の奇用である）。亦問之（注・亦は復もしくは又がふさわしい）。非答（注・非は無もしくは不がふさわしい）。強亦問之（注・亦は復か又）。於是大伴鯨連進曰、「既従天皇遺命耳（注・既は全か一かがふさわしい）。更不可待群言（注・更は日本語の奇用で、中国語の文語文では用いない）」


大臣の蝦夷《えみし》は阿部臣にたいして、群臣に話すように命じる。

「いま天皇はすでに亡くなられたが、あと継ぎがありません。もし速やかにきめなければ、国がみだれる恐れがあります。いまいずれの王をあと継ぎにしますか。天皇が病に臥された日に、田村皇子におっしゃったことは、『天下を治めることは大任である。もとより容易くいうべきものではない。お前田村皇子よ、謹んで物事をはかり、怠ってはいけません』と。次に山背大兄王《やましろのおおえのおう》におっしゃったことは、『お前はひとりで勝手に決めてはいけないよ。かならず皆の意見をきいて、慎重にことをすすめなさい』と。これが天皇の遺言です。さて、どなたを天皇とすべきでしょうか」
しかし群臣はだれも黙って答えなかった。また尋ねたが、答えなかった。さらに強く尋ねた。そこで大伴《おおともの》鯨《くじら》連《むらじ》がすすみ出て、「すでに天皇の遺言があるのですから、それに従うだけでしょう。いまさら群臣の意見を聞くまでもないことです」という。

これは推古天皇の後継者をだれにするかという話である。結局、蘇我蝦夷《そがのえみし》のあとおしで田村皇子が第三四代舒明《じょめい》天皇になるのだが、こうしたいきさつから、蘇我氏の専政がはじまり、〈大化の改新〉という政変につながっていった大切な一節である。それにしても、これが倭習《わしゅう》の漢文の典型的な例とすれば、当時の日本人にとってさほど抵抗のある文章ではなかっただろう。漢人にとっては稚拙な漢文と思われたかもしれないが、もともと音韻のちがうシナ語で倭《わ》国の歴史を語ること自体困難な作業である。倭《わ》習といえばいかにも稚拙な漢文のように思われるが、これが文字をもたなかった古代語を漢語の表記によって翻訳し、日本語を創設したそもそもの始まりである。その後、「仮借」や「倭《わ》訓」によるさまざまな工夫をこらして日本語が出来上がっていくのだが、主流はやはり大和朝廷を中心とした倭《わ》習漢文である。むろん『日本書紀』にかぎらず、「大宝律令」による官人組織の全国支配が、言語を必要とし、漢文をますます日本語化していったことはいうまでもない。だが、それは一部のインテリー層であって、大多数の倭人《わ》は文盲で、表記のない和語（話しことば）で用をたしていただろう。ただわずかに、直接、庶民層に漢文をつたえたのは、各地区に建立された国分寺の僧尼による仏教の経典の読誦であった。カナ文字も、その経典に簡略化した漢字のフリガナをつけたことから始まったといわれている。もっとも、そこに至るまでにはさらに三〇〇年の年月を要し、平安中期のころといわれている。この期間の資料はほとんどなく、国語史の空白時代とよばれているが、音韻史の分野では画期的な変化がみられる。たとえば、奈良時代には《上代特殊仮名づかい》といって、「いろは」が八七字（古事記には八八字）使い分けられていたが、平安時代になると四七字（四八字）と濁音二〇字で六七字に減少していることからも知られる。（仮名づかい）については、いずれ『万葉集』のところでくわしく説明することになるとおもうが、この音韻の減少は漢文の訓読によって、不要になった音が消えたのであろうといわれている。今日では「いろは」はさらに減少しているが、それはまたのちほどふれることにしよう。この減少現象について、的確な解説があるので紹介してみよう。『日本語の歴史』のシンポジウムなので、要点だけを拾い上げることにする。

「漢文訓読の影響によって、和文的表現がだんだん論理的な傾向をつよめてきたということはあると思います。それはどういうことかというと、上代の和文では語彙《ごい》が限られていたので、ひとつの表現にいろんな意味をこめて使われていたものが、漢文では個々の因果関係によって分析的に表現することができるようになった。これを論理的になったというのだが、たとえば「何々したなら」「何々したので」「何々すると」というように、表現の仕方が別々の言い方で分析的になった。その反面として、語形が複雑になり、これまで音韻《おんいん》によって言いわけていた文意の区別が必要でなくなるということから、上代特殊仮名づかいのこまかな区別はなくなったのではなかろうか。

だいたい一〇世紀から一一世紀のはじめにかけて、ア・ワ・ハの三行の音が混同されはじめ、イとヰ・ヒの混同、エとヱ・への混同が平安中期からみられるようになった。また、鎌倉時代以後は、イはiに、エはjeに統一された。オとヲの混同は一一世紀はじめにあらわれwoに統一されている」

これらの変化は音韻《おんいん》や文章だけではなく、感覚的で即物的な事物の理解の仕方が、論理的で概念的な思考力によって事物を認識するという経験をはじめて日本人が身につけた、画期的な変革が生まれた貴重な時期でもある。ただ、それらを立証する具体的な資料がないために、国風文化の空白の時代といわれている。しかし、漢文訓読の影響は和文的表現に決定的な要素をくわえ、次の平安時代の物語世界の開花を用意したことは見逃すことのできない歴史的現象である。それはまた、いずれ平安文学の項でふれることになるとおもうが、とかく、『古事記』・『日本書紀』・『万葉集』の書かれた奈良時代と、平安時代の物語文学とはまるで異質の文学が生まれたように解釈されがちであった。しかしそれは間違いで、当然のことながら、縄文時代からうけつがれた古代人の言語が、平安時代の日本語の変遷によって複雑化したにすぎない。その変遷をもたらした要因に、朝鮮半島諸国との交流が欠かせなかったことは、『日本書紀』後半の歴代の天皇記に、朝鮮諸国からの朝貢の記事が毎回見られることからも推察できる。朝貢という形で語られているが、実際は朝鮮半島からの文物の一方的な輸入によるものである。また大和朝廷も、帰化人にたいする税の免除や、田の交付、関東地区への移住など、手厚く優遇している。それは奈良時代の帰化人による文化の開発が、王権の進展に欠かせないものであったことをものがたっている。やがて、六三〇年第一回の遣唐使が派遣されるようになってからは、直接中国との交流をふかめるようになった。『日本書紀』には、そうした未文化の倭国から脱皮して、朝鮮半島諸国や中国の文化に追いつこうとする大和朝廷のすがたを読みとることができる。そのひとつの成果が、漢文による国史編纂という事業であったといえるだろう。ただそれらの記載されたできごとが、天皇を中心とした五位以上の貴族社会の生活にかぎられているという片手落ちなものであったことはやむをえない。さきに、この時代は「空白の時代」といわれているといったが、最近、藤原京や平城京の遺跡から多数の木簡が見つかり、多少は記紀以外の生活を知ることができるようになった。そこで、『日本書紀』とは関係ないが、それを少し紹介してみよう。

木簡のほとんどは地方から都に運ばれる租税への荷札だが、なかには下級役人の勤務評定を記した木簡もある。平城宮の跡から出土した木簡に次のようなものがある（『木簡が語る日本の古代』東野治之）。

表　［少初位下高屋連家麻呂　年五十　右京　六考日并千九十九　六年中　］

裏　［陰陽寮］

「少初位下」というのは位階をしめすもので、最下位の役人の位である。高屋の連《むらじ》家麻呂《いえまろ》は歳が五〇歳で、右京の出身。「六考日并」は六年間の延べ出勤日数を参考に評定するということ。家麻《いえま》呂《ろ》は六年間で一、〇九九日出勤していた。したがって、六年間の総合評価は上・中・下の中ということである。

裏の「陰陽寮」は家麻呂《いえまろ》の勤務していた役所の名前である。

勤務日数は、上級役人で、年間最低二四〇日、下級役人で一四〇日ということで、家麻呂《いえまろ》は平均一八〇日出勤していたようである。こうした位階の昇級は、上級役人で四年に一回、下級役人は六年に一回の評定できめられていた。もっともこれはたてまえで、銭を寄付することによって職をえ、昇進する方法もあったらしい。「銭」の付札があるので、前書から紹介してみよう。

表　〔无位田辺史広調進続労銭伍佰文〕
裏　〔摂津国住吉郡　神亀五年九月五日　勘、錦織秋庭〕

「无位」は無位で、位階のない人である。名は田辺広調で、史部に所属。彼が〈続労金〉五百文を寄進した、というのが表の札である。

「摂津国住吉郡」は彼の出身地。神亀五年は西暦七二八年、聖武天皇の時代である。次の「勘」は勘定したという確認で、「錦織秋庭」が査定した役人の名前である。これが札の裏の文字である。

「続労金《しょくろうきん》」というのは、「資を納め、労を続ぐ」という制度で、式部省に一定のお金を納めると、現に職がなくても、空きがあるまで正式に勤務したと同様に取り扱われるというものである。一種の救済制度で、今日の失業保険を自分で払うようなものであろう。また、資産のある階層は「続《しょく》労金《ろうきん》」を納めて、子弟の位階の昇進をはかることにも利用されたらしい。ところが、五〇〇文というお金は、当時のお米の値段で計算すると、米一石（現在の約四斗・六〇キログラム）が一六〇文なので、五〇〇文は現在のお米で一八七・五キログラムに相当する。これを毎年払い続けることはたいへんな負担であった。すでにこの時点で、続労金《しょくろうきん》の弊害が問題になっていたようである。しかし、位階もさることながら、職は限られていて苦労していたらしい木簡も見られる。

去上　留省　大初位上　秦忌寸祖足　年□

「去上」は、去年の勤務評定は上・中・下の上であるということ。位階は「大初位上」ということだが、職がないので、式部省に籍をおいて、ほかの官司の臨時の仕事をしていたが、今年も空きがないので「留省」ということになったという木簡である。「年□」は歳のことだが、下が消えていて読めない。

しかし、こういう救済制度があったということは木簡が出土してはじめてわかったことである。失業対策は今も昔もかわらず、配慮されていたのだろう。ところで、位階についてだが、位階は一位から九位まであって、それぞれに正・従、さらに上・下とあるから三六段階あるということになる。一位から八位までは数字でよばれるが、九位は初位といい、正・従ではなく、大・小がつけられていた。五位以上は貴族の特別待遇があって、天皇によって直接任命され、勤務評定による昇進とはべつの仕組みで位階がきめられていた。また五位以上は位禄といって、位におうじて一定の現物給与があたえられ、租税のうちで庸・調は免除され、租も三パーセントという低い税率であった。そのほかに、五位以上の役人の子息は成人すれば父親の位におうじて位階を授けられることになっていた。三位以上になると、その特典は孫にまでおよんでいる。いわゆる貴族階級で、私たちが古典で学ぶ日本人はほとんどこういう上流社会に生きていた人たちであったことを知らなければならない。それを支えていた、本来の日本人の生活がどんなものであったかは、ほとんど知られないままである。したがって、こうしたきびしい階級差別のなかで、『日本書紀』に登場する人たちがエリート中のエリートであったことを勘案して読まなければならないだろう。それはむろん、洋の東西を問わず、言語表現という高度に知的修練をようする古典といわれる書物には、必然的に避けることのできない限界であった。そのことを付言してこの項をおわることにする。

第五章　万葉集

一、万葉集への道

『万葉集』はひろく知られているわりには数奇な運命をたどっている。いつ頃、だれが編纂したかも定かではない。二〇巻の巻本で、最初の一巻は持統天皇（女帝）の意向によって編纂されたのではないかといわれている。二巻目は元明天皇（女帝）のとき、『古事記』と平行して、古歌の編纂も企てられたのが万葉集の原型ではないかと考えられている。しかし、いずれもたしかな記録はのこされていない。ただ、一・二巻がその後の万葉集の核となったとはいえるだろう。雑歌《ぞうか》・相聞《そうもん》・挽歌《ばんか》の三大部立《ぶだて》がこの一・二巻に分類されているが、その後の万葉集の編纂もほぼこの部立《ぶだて》をうけついでいる。三巻から一五巻までは元正天皇（女帝）の意向によって、橘諸兄《たちばなのもろえ》（左大臣）が大伴家持に命じて編纂（七四五年頃）されたのではなかろうかといわれている。その後、編纂された巻一七から巻二〇までの四巻は、家持の私的な歌日記の体裁となっている。これが七八三年頃までにまとめられて、『万葉集』二〇巻ができあがったと推定されている。

ところが、大伴家持が死去（七八五年八月）した直後（二六日目）、長岡京の造営にあたってい た藤原種継《たねつぐ》が大伴継人《つぐと》らに暗殺された事件にかかわっていたという告げ口によって、家持は位階から家財まですべてを没収される。そのとき、大伴家に収蔵されていた『万葉集』も、罪人の書として没収され、官庫の片隅に放置されたらしい。死後の家持が復位するのは、桓武天皇が亡くなるいまわのきわにだされた詔《みことのり》によるもので、万葉集も同時に叡覧《えいらん》の認証をえて、二〇年ぶりに日の目を見ることになった。こうしたいきさつから朝廷の蔵に収納されていたということは、かえって、ばらばらに編集されていた万葉集の散逸をまぬがれることになったのかもしれない。ともかく散逸はまぬがれたが、仮名文字がまだできていない時代に、歌のことばをすべて漢字で表音的に書くという特殊な表記体（のちにこれを万葉仮名という）のために、これを読みとくことは同時代の大伴家持でさえ困難であったといわれている。たとえば、

……戀者《こひは》雖益《まされど》　色二《いろに》山上《い》復有山者《でば》　一可知美《ひとはしりぬべみ》……（恋はまされど　素振り出れば　人に知られるだろう……）

これは（巻九・一七八七）の長歌の一部だが、「色二出者」の「出」という字は「山の上にまた

山あり」と書いて「出《いで》」と読ませるという、ほとんどクイズにひとしい表記が使われている。いまひとつ例をあげると、

垂乳根之《たらちねの》　母我養蚕乃《ははがかふこの》　眉隠《まよごもり》　馬聲蜂音石花蜘蛛荒鹿《いぶせくもあるか》　異母二不相而《いもにあはずして》（巻一二・二九九一）

この歌では、「馬声」を「イ」と読み、「蜂音」を「ブ」と読ませているが、これは、馬の鳴き声をイヒヒン、蜂の飛ぶ音をブンブンという、それぞれの擬声音からの読みで、「いぶせくもあるか」という読みは、ほとんど想像をこえる用字法である。「異母」は妹《いも》（娘）のことで、全文の意味は、母親に、蚕の繭のように守られていて、娘に会えなくて、おもしろくない、というくらいの歌である。それにしても、ずいぶん手の込んだ用字法である。

当然のことながら、平安時代になると『万葉集』を訓読することはほとんどできなくなってくる。『万葉集』の訓読《くん》みにはじめて手つけたのは、村上天皇（在位九二六〜九六七年）の勅命で、『後撰和歌集』（平安中期）を編纂した源　順《みなもとのしたがう》らによって、天暦五年（九五一年）に読み仮名がはじめてつけられたという記録がある。これを古点というが、その古点本は今日伝わっていない。当時、わずかに一部の貴族らの関心をひいたにすぎなかったようである。そのころは、文人の主流は漢詩文にあって、そのかげにかくれて、万葉集は後宮の女房たちのあいだでわずかに読まれていたので

はないだろうか。おなじ和歌集の『古今和歌集』（九〇五年）の歌風にも、万葉集の作風は反映されていないということである。たしかに、万葉集の特殊な表記法がむずかしいということもあるが、いまひとつの原因は、漢字による日本語の表記法の主流が、万葉仮名よりも、変体漢文の方向にすんだということにあるのではなかろうか。その傾向は、万葉集とほぼ平行してできた『懐風藻』（七五一年）が漢詩の文体をとっていることからも推察される。懐風藻の漢詩は一二〇首で、作者も六四人という小規模なものだが、そこに作品を載せるということは、当時の上流階級のステータス・シンボルのような意味合いをもっていた。作品はむろん中国漢詩の模倣で、稚拙なものだが、皇族を中心に、上流貴族の知見をひけらかす場となっていた。その点、万葉集は一・二巻をのぞいて、勅撰とはいえない編纂によって、幅広い階層から、自由に歌が集められている。たとえば、防《さき》人《もり》の歌、東歌《あずまうた》（東国の農民の歌）、遊行女婦《うかれめ》の歌、乞食者《ほがいびと》の歌（門付・遊芸者の歌）など、およそ美意識とは関係のない階層の歌がみられる。それによって、当時の世相をうかがうことができるということも大きな魅力である。当時、こうした歌はまったくかえりみられなかっただけでなく、文芸の品位をけがすものとして遠ざけられていた。それに反して、漢詩文が文芸の中心的な役割をしめることになったのは、先進的な時代の風潮というほかはない。こうした万葉集の不遇の時代を知らないと、日本語はその頃から成立していたような錯覚をおぼえるだろう。古事記の場合もそうだが、万葉集もほぼ千年くらいたって、ようやく日本のことばを記した本として読めるようになったのである。わたし自身、古事記・日本書紀・万葉集のつくられた時代を日本語の成立期というふうに理解していた。しかしそうかんたんに、新しい言語が一民族の用語として定着することができないのはしぜんなことというべきであろう。

ところで、『万葉集』の原本はすでに失われてしまっているが、その写書された諸本を校合《きょうごう》して定本をつくり、はじめて本格的な研究書を書いた人は鎌倉時代の学僧仙覚（一二〇三年―？）である。かれは万葉集に訓点や詞《ことば》の解釈をほどこした『万葉集註釈』（一二六九年）をあらわしている。しかし、その本もほとんど世間に流布することはなかった。それからさらに四〇〇年たって、江戸時代のはじめ、水戸光圀が企画した『大日本史』の一環として、契沖《けいちゅう》（一六四〇〜一七〇一年）が『万葉集代匠記《まんようしゅうだいしょうき》』（一六八八年）を書き、これに影響をうけた賀茂真淵が『万葉考』（一七五一年）をあらわして、ようやく一般の人にも読めるような歌集として誕生したのである。ほぼ千年の歳月を要したわけだが、しかしいまでも『万葉集』には訓読できない語句が何ヵ所かあるということである。たとえば、

天漢《あまのかわ》安川原《やすのかわはらの》定而神競者磨待無（巻一〇・二〇三三）

（あまのかわ　やすのかわらの……）以下定訓がない。あえて訳せば（さだまりてかみしきそへ

ば　としまたなくに）又は、（まろもまたなく）となる。いずれにしても、意味不明である。そういう点で、むかしから定訓を持たない句で有名なのは、巻一・九の、

莫囂圓隣之大相七兄爪謁気　吾瀬子之　射立為兼　五可新何本

上句については、これまで三〇種以上の訓がこころみられたが、現在のところしたがうにたるものはないといわれている。そのなかで二つだけ紹介してみよう。仙覚の読みによると、（ゆうづきのあふぎてとひし……）となり、いまひとつは、（静まりし浦なみさわぐ……）と、まったく違った読みがつけられている。この歌は斉明天皇が白浜温泉に行幸されたときの歌ということで、（浦なみさわぐ）という読みは、そこらを想像力でおぎなったものであろう。あとの句は、（わが君がそばに立たれたという　厳橿《いつかし》の木の下）と読まれている。

万葉集にしろ、古事記にしろ、もともと言語体系のちがうヤマト言葉をシナ語で書きあらわすという困難な作業を、漢音と和訓によって表記したものであって、それを訓読するためには、漢文の知識と口誦による和文との関連をみきわめなければならないという、高度にデリケートな感性が必要であった。万葉集の歌のなかには、和文の文脈にしたがって漢語だけで表記し、日本語特有の助詞や助動詞など補助的な部分は省略して、読むときに読者がおぎなって理解するという形をとって

いるものがある。いわば漢文式和歌の書き方だが、これも日本語ができあがるためのひとつの試行錯誤のあらわれであった。柿本人麻呂歌集の初期の歌にそれがみられるが、これを略体歌といい、和風の常体で書かれたものを非略体歌というふうに区別（阿蘇瑞枝による）している。略体歌を二つ紹介してみよう（『日本語の歴史』巻二より）。

玉響　昨夕　見物　今朝　可戀物　（巻一一・二三九一）
（たまかぎる　きのうのゆうべ　みしものを　きょうのあしたに　こふべきものか）

春楊　葛山　發雲　立座　妹念　（巻一一・二四五三）
（はるやなぎ　かづらきやまに　たつくもの　たちてもゐても　いもをしぞおもふ）

万葉集の和歌にはこうした漢文式略体歌で書かれたものがかなりある。ということは、まだ和文体による訓仮名の文が成立していなかったということもあるが、また一面では、近江朝に代表される当時の識字層の流行が、漢文で表記することにあったからかもしれない。和文体の初期、助詞や助動詞を意識して漢文と分離して書かれたものに、「宣命《せんみょう》文」と「祝詞《のりと》」がある。宣命文の場合、漢文は大文字で書き、助詞や助動詞は小文字で書きわけている。これなら読み違えるということはないが、水と油のように、いつまでたっても漢文と和文とが分離して、日本語の文章とはならなかっただろう。こうした試行錯誤をくりかえしながら、奈良時代になって、一字一音の万葉仮名を作りだしたのであろう。だから、いきなり音訓両用の和文ができたわけではない。最初はむずかしい漢字に音仮名をつけることからはじまって、やがて固有名詞を音訳表記する仮借の方法を生みだすという段階をへている。これは明治時代の初期、外国語の固有名詞を漢音で翻訳し、やがてカタカナ表記に移った経過からも推察できる。シナ語からいきなり和風漢文（変体漢文ともいう）に移行して、それが直接、一字一音式の仮名文を生みだしたというわけではない。口誦文（口頭言語）を一字一音式の漢字で書くと、冗長で意味がつかみにくくなることは、古事記の序文で太安万侶《おおのやすまろ》がすでに指摘したとおりである。太安万侶が古事記を書くまえに、ヤマト地方でつかわれていた「話しことば」（ヤマト方言で、縄文語と同一ではない）が、どのようにして和文表記されるようになったかというと、最初はおそらく、帰化人たちがカタコトの日本語で発音していた和風漢語（いわゆるピジン語）が、大和政権の有用な道具として使われるようになってからではないだろうか。ことに朝鮮半島で、白村江《はくすきのえ》の戦いに破れた六六三年以降、百済《くだら》の貴族階級の遺民たちが大挙してヤマトに移り住むようになってから、和風漢文は近江朝廷を中心に急速に発達したようである。むろん、帰化人による日本語表記の発展にかぎらず、中国へ留学した官人や僧侶、また朝鮮半島からまねいた学者などによって、ヤマト語はしだいに日本語へと変貌していったと言えるだろう。それはまた、大化の改新後の王権の強化とともに、各地方の国々にヤマト語の表記ができる史《フヒト》という官人をおくことによって、全国にひろまり、和風漢文は日本の言葉として定着するようになったようである。それは明治初期のころ、ヨーロッパの言葉と制度が日本国土をおおいつくし、現代にいたった経過と似たような状況ではなかっただろうか。

こうしたさまざまなこころみが、日本語のできあがっていく過程にはあった。そのなかでも、表記言語のない上古にあって人々に親しまれていた、民衆の口誦歌謡を借りて、一字一音式の口頭言語を表記することは、もっともてっとり早い普及の手だてであっただろう。口誦歌謡はやがて個人の心情をうったえる和歌となって、知識階級の社交上のあいさつにまでひろまっていった。それを集大成した『万葉集』は、のちに「万葉かな」として「いろは四八文字」の基礎となった日本語の重要な役割を担うこととなったのである。だが、そこまで成長するまでには、八世紀なかばから一〇世紀までの、ほぼ一五〇年の歳月を要したことを知らなければならない。

ところで、『万葉集』とはいったいどんな本かというと、二〇巻の巻物で、そこに編集されている歌は、もっとも古いもので、仁徳天皇の后で、嫉妬深い磐姫《いわのひめ》皇后の歌から、七五九年正月に大伴家持がよんだ最後の歌までの四五一六首（『国歌大観』松下大三郎による）を集めたものである。その歳月はほぼ四〇〇年におよんでいる。むろん、初期万葉集の作品は磐姫皇后の時代につくられた歌ではない。伝承歌とか古歌に記載されていた歌をつなぎあわせて編集されたものと思われる。

すでに編集されている『古事記』や『日本書紀』に記載されているむかしの歌謡は、一九〇首あまりあるが、すべて一字一音の万葉仮名で書かれている。『万葉集』には、そのなかから古事記二首、日本書紀一七首が採録されている。しかし、それらはすべて音訓の和風漢文に書きかえられている。かつて記紀が編纂されたころには、口誦による歌謡を漢文で書き表すことができるとは思えなかったのであろう。歌垣《うたがき》で人々がうたっている歌はリズミカルで、耳に快く感じられていたものであったから、当然、それは「ヤマト言葉」で書かなければならないという確固とした信念があったものとおもわれる。だが『万葉集』になると、歌は集団によってうたわれる歌謡ではなくなって、個人の心情を主体とした情緒的なものへと視点が移っていき、口誦性よりも、表記による訓読によって人々に鑑賞されるようになった。そのため、しぜん「からごろも」をまとうようになったことはいたしかたないだろう。

藤原俊成（一一一四―一二〇四年）の『古来風体抄』（一一九七年）によると、

「上古の歌は、わざやすがたをかざったり、詞《ことば》を磨こうとはしないけれども、世の中も明るく、人の心もすなおなので、詞《ことば》にまかせてうたいさえすれば、心もふかく、すがたも美しく感じられるものとなっている」

といっている。「上古の歌」というのは万葉集を指すとおもわれるが、これは『千載和歌集』や『新古今和歌集』の編集にかかわった俊成の実感であろう。平安初期につくられた『古今和歌集』でさえ、詞《ことば》の新鮮さを失い、技巧に走っていると評価されているくらいだから、まして貴族社会の崩壊した鎌倉初期に生きた俊成やその子の定家にとって、素朴な万葉集の時代はあこがれの的だったろう。今日でも、万葉集が高く評価されているのは、その古代人の素朴な心がうかがわれるからである。

また、伊藤博の「万葉人と言霊《ことだま》」によると、

「初期万葉の歌には、言語の原始的感覚のようなものがこだましている。（中略）舒明朝から天智朝に至るおよそ四〇年がわれわれの考える初期万葉なのだが、わが詩歌の歴史の上で、日本語が、詩の言語としてのかがやきを、もっとも自由に、もっとも鮮明に発揚したのは初期万葉の時代ではなかったか」

といっている。これらの感想は、俊成にしろ、伊藤博の試論にしろ、「日本語の空間」論にとっては重要な指摘である。なぜなら、万葉集の主体となっている「話しことば」は生活のなかからしぜんに生まれた原日本語だからである。だが、表記言語はシナ語の言語体系から剽窃した音韻をヤ

マト語に翻訳するという、ワン・ステップをへた日本語である。さらに、変質したいまひとつの原因は、大和朝廷の政治的配慮による支配の手段として普及したということも考慮しなければならないだろう。そうした歴史的経緯をふりかえってみると、「話しことば」がまだ生活の中心であったころの人々の心は、ことばが「ヤマトの国の言霊《ことだま》」（巻一三・三二五四の人麻呂歌集）といえるものであったのではなかろうか。それはかって本居宣長が「ふるひとのこころ」といったものともあい通ずるものがある。ただ残念ながら、わたしには初期万葉の歌をよんでも、これこそ古代人の、あるいは縄文人の、あるいは日本人の、心だというものがつかめないのである。ただ、伊藤博から「素朴な日本人のこころを盗んだ最初の掠奪者である」と指摘された柿本人麻呂の長歌のなかには、古事記にも通じる「ふるひとのシラベ」が感じられるので、それを一つ紹介してみよう。

近江の荒れたる都を過ぐる時、柿本朝臣人麻呂のつくる歌

玉襷《たまたすき》　畝火《うねび》の山の　橿原《かしはら》の　日知《ひじり》の御代《みよ》ゆ　生れましし　神のことごと　樛《つが》の木の　いや
つぎつぎに　天の下　知らしめししを　天《そら》にみつ　大和を置きて　あをによし　奈良山を越え
いかさまに　思ほしめせか　天離る《あまざか》　夷《ひな》にはあれど　石走る《いわばし》　淡海《あふみ》の国の　楽浪《さざなみ》の　大津の宮
に　天《あめ》の下　知らしめしけむ　天皇《すめろぎ》の　神の尊《みこと》の　大宮は　此処と聞けども　大殿《おおとの》は　此処と
言へども　春草の　繁く生ひたる　霞《かすみ》立ち　春日の霧《き》れる　ももしきの　大宮処《おおみやどころ》　見れば悲し

も」（巻一・二九）
（畝傍《うねび》の山の橿原《かしはら》で即位された神武天皇の御代から、代々お生まれになった神のおん子の天皇はつぎつぎと大和の地で天下をお治めになっておられたのに、その大和をさしおいて、奈良の山も通り越して、どうお思いになったのか、鄙《ひな》びた近江の国の湖のそばの大津に都をうつして天下をお治めになったけれど、その神の命《みこと》の天智天皇の大宮はここだったと聞き、また御殿《ごてん》はここだというけれど、いまは春の草が生い茂り、春の日の靄《もや》にかすんでなにも見えません。かつて宮殿のあったあとを見ると、心も悲しみに沈んでしまいます）

この歌に関連してつくられた和歌で、今日でも名歌のひとつに数えられているのが次の歌である。

「淡海《あふみ》の海　夕波千鳥　汝《な》が鳴けば　情《こころ》もしのに　古《いにしへ》思ほゆ」（巻三・二六六）

この歌のつくられた時代について少し解説すると、天武天皇が亡くなって、その皇后があとをついで持統天皇となった。その持統天皇は天智天皇の娘で、天智天皇が亡くなったあと、大海人皇子《おおあまのみこ》（天智の弟）が「壬申《じんしん》の乱」によって、兄天智の息子、大友皇子をほろぼして次代の天皇になった。いってみれば、夫天武は父天智の仇《かたき》にもなるはずのものである。こうした複雑ないきさつがあって、夫が亡くなるまでは父の墓参りもできなかった。ところが六八六年、天武天皇が亡くなり、二年あまりかけてその弔いを鄭重にすませたのち、持統天皇は近江国の崇福寺（天智の菩提寺《ぼだいじ》）に亡父の墓参り行ったのではないかと推察（日本書紀には記載がない）されている。そのさい柿本人麻呂がお供して、父や甥の鎮魂のために、持統天皇がこの歌を彼につくらせたのではないかといわれている。人麻呂の歌としては比較的初期の作品だが、枕詞《まくらことば》を多用して歌の調子をととのえている。また、（大宮・大殿）や（春草・春日）とくりかえすことによって、文意を強調し、最後に（見れば悲しも）と作者の情感を、簡潔に、しかも強くうったえている。たしかに名歌というにふさわしい、人麻呂独特の創作手法である。こうした手法は、その後多くの歌人に影響をあたえ、文芸としての和歌を一変させた歌人として今日でも高く評価されている。しかし、その生涯はなぞにつつまれて、生没の年月も不明なままである。最後は石見国（島根県）で刑死したのではないかという異説もある。ともかく、歌によってかろうじて人麻呂の生涯を推察する以外、公的記録はなにものこされていない。おそらく官位は六位くらいの身分で、持統天皇の内廷につかえ、宮廷歌人として、皇室の賛歌や葬礼の鎮魂歌を作る役ではなかったかといわれている。年代のわかるもっとも早い歌は日並《ひなみの》皇子《みこ》の挽歌（六八九年）があり、おそい歌は明日香皇女《あすかのひめみこ》の挽歌（七〇〇年）で、持統天皇から文武天皇の時代にかけて活躍している。しかし、かれの残した「柿本人麻呂歌集」（現存していない）によると、六八〇年の「七夕の歌」にはじまり、七〇七年の「鴨山の歌」が最後となっている。万葉集には、この歌集から三五五首が採用されているが、それがすべて人麻呂の作かどうかはわからない。

次に、『万葉集』を理解するために、歌風などから四期にわけて、その変遷をたどるという分類の仕方がある。大筋でこの分け方は妥当なものなので、それをまず見てみることにしよう。

第一期は舒明天皇から壬申の乱（六七二年）までの四〇年間で、皇居が飛鳥にあったので飛鳥時代とよばれている。

第二期は天武天皇から平城京遷都（七一〇年）までの四〇年間で、飛鳥・藤原の地に皇居があった時代である。柿本人麻呂はこの期の代表的な歌人である。

第三期は平城京遷都から天平五年（七三三年）までの奈良朝前半の二三年間をいう。なぜ天平五年かというと、この期を代表する大伴旅人と山上憶良《やまのうえのおくら》があいついで亡くなったからである。

第四期は天平八年から天平宝字三年（七五九年）までの天平時代の二三年間をいう。なぜ天平宝字三年かというと、この年の正月に大伴家持が因幡国《いなばのくに》の官人たちにはなむけによんだ歌が『万葉集』の最後の歌だからである。

古歌から取られた初期の歌をのぞいて、『万葉集』はほぼ百年間のあいだにうたわれた歌を集めたものだが、日本語の表記ができあがる時期とほぼかさなると考えていいだろう。「万葉仮名」といわれる「いろは」の基本的な音韻が表記され、シナ語からの独立をはたしたといえるのではないだろうか。奈良時代のヤマト言葉は八七音節（古事記は八八音節）を区別して発音していたが、平安時代になると「いろは」は四七音節と濁音二〇音節を加えて六七音節となっている。このうち、『万葉集』で一字一音の表記法で書かれている巻は、五・一四・一五・一七・一八・一九・二〇の七巻である（『古典文法質問箱』大野晋）。万葉仮名についての紹介は、すでに多くの研究書があり、また専門的な詳細な紹介は煩雑で、それを知ることが現代の日本語の知識として必要とは思われないので省略することにする。それよりもむしろ、古代人の言葉が漢字で表記されることによって、物の見方とか心の変化とかがあらわれていることについて、歌をとおして見ていくことにしよう。

二、万葉の心

『万葉集』の最初の歌から紹介することにしよう。

大泊瀬稚武天皇《おおはつせわかたけのすめらみこと》（雄略天皇）の御製歌

籠毛与《こもよ》　美籠母乳《みこもち》　布久思毛与《ふくしもよ》　美夫君志持《みふくしもち》　此岳爾《このおかに》　菜採須児《なつますこ》　家吉閑《いえきかん》　名告《なのら》
紗根《さね》　虚見津《そらみつ》　山路乃国者《やまとのくには》　押奈戸手《おしなべて》　吾許曾居《われこそおれ》　師吉名倍手《しきなべて》　吾己曾座《われこそませ》　我許《われこ》
背歯告目《そはのらめ》　家呼毛名雄母《いえをもなをも》

（籠《こ》もよ　み籠《こ》もち　ふくしもよ　みぶくし持ち　この岳《おか》に　菜摘ます児　家聞かん　名告《の》らさね　そらみつ　大和の国は　おしなべて　われこそ居れ　しきなべて　吾こそ座《ま》せ　われこそは　告《の》らめ　家をも名をも）

大意は、岡で摘み草をしている乙女に、天皇が名を問いかけているという情景である。男が名と家とを女に聞くということは求婚の儀礼であった。それに対して、女が答えれば承知したということで、婚約が成立したことになる。この歌の場合、乙女の受け答えはないので、実際の求婚というよりも、ただ一般的な求婚の儀礼の風習を歌にしたものであろう。いわば、うたいならされた民謡のようなものではなかったかといわれている。

ただ、大和の国の支配者である天皇が求婚者の代表として選ばれているところに、この求婚には絶対の権威をもたせているという、男にとっては都合のいい呼びかけとなっている。こういう有力者の求婚の申し込みに対しては、女は名をなのらなければならない慣習があった。つまり断ることができないというわけである。それにしても、「名告《の》らさね」（名を教えて下さい）と、天皇が敬語を使っているのはなぜだろうかという疑問がむかしからあった。その解釈のために、「この乙女は豪族の娘であろう」とか、また、「娘が一人前の女となるために、ある期間、村里の生活をはなれて、山にこもるならわしがあったので、そういう神聖な乙女ではなかったのか」とか、いろいろに推察されている。しかし、この歌は実際に雄略天皇がうたった歌ではなくて、後世、結婚の成立をうながすための有効な儀式の歌であったのだが、それを雄略天皇の歌ということにして、その威力がいっそう効果的であるように作られたのであろう。雄略天皇には古事記でも紹介したように、川のほとりで衣を洗う乙女の赤猪子《あかいのこ》に声をかけて、迎えにいくまで嫁がずにおれといって、乙女が八〇歳になるまで忘れていたというエピソードもあるくらい伝説的な天皇であったから、この歌の作者にはふさわしいと『万葉集』の編集者が考えたのであろう。ともかく、万葉集が編集される二五〇年もむかしの歌だから、どんな伝承的な話を史実として語ったとしてもなんのふしぎもない。万葉集を手にした奈良時代のひとが、最初にこの歌を読んでうける印象は、春の岡に菜をつむ美しい乙女に声をかけるスメラミコトのういういしい求婚の様子にほほえましい感情を持つのではあるまいか。

藤原俊成や伊藤博のいうように、古代人には素朴というか、一種のユーモラスな、おおらかさのようなものがあるように思われる。それはおそらく、漢学や仏教が倫理とか無常とかを教える以前の、自由な心をはぐくんでいたからではなかろうか。それは天然自然と人間との素直なふれあいから生まれてきたものであろう。たとえば、

春過ぎて　夏来たるらし　白栲《しろたえ》の衣干《ころもほ》したり　天《あめ》の香具山《かぐやま》（巻一・二八）

持統天皇（女帝）の歌である。都を飛鳥《あすか》の浄御原《きよみがはら》から、六九四年、藤原の地に移した翌年に詠《よ》まれたものである。北に耳成《みみなし》山、東に香具《かぐ》山、西に畝傍《うねび》山をのぞむ景勝の地である。夫天武の亡くなったあと、息子の草壁《くさかべ》皇子を皇位につけようと、甥の大津皇子を謀殺してまで画策したにもかかわらず、草壁《くさかべ》皇子は六八九年に病没し、やむなく自身が皇位につくという不運のあとに、藤原京は唐の都にならって造成された、はじめての本格的な都城であった。その宮殿から東の香具山をのぞみ見ると、禊《みそぎ》のために山にこもっている乙女たちが、真っ白な斎衣《をみごろも》をほしているのが見える。やがて夏がくる気配が感じられるという、女帝自身にとっても、ほっとしたいっときの安らぎをおぼえて詠まれた歌という想いが感じられる。

白栲《しろたえ》はコウゾウの木の皮をはいで作られた繊維で、洗えば洗うほど白くなるということである。こうした生活にむすびついた具体的な事象からことばが生まれるということが、表記言語以前の古代人のことばであったと思われる。『万葉集』の分類用語に「寄物陳思《きぶつちんし》」という項目があるが、その意は「物に寄せて思いを述べる」ということである。万葉集のほとんどの歌がこうした伝統的な方法によって作られているといってもよい。漢文の影響をうけるまでの作歌は、すべて具象による感情表現によって、うれしいこと、哀しいこと、あるいは怒りや憎しみをつたえている。それは人間の基本的な生活感覚から生まれたものであり、ことばと心とが一体となっている素朴な、ある意味では幸せな時代であった。
いまひとつ、叙景歌として知られる山部赤人《やまべのあかひと》の歌をみてみよう。

田兒《たご》の浦ゆ　うち出でて見れば　真白にぞ　不盡《ふじ》の高嶺《たかね》に　雪は降りける（巻三・三一八）

この頃の富士山は活火山で、頂上からはさかんに噴煙があがっていたらしい。したがって、高い美しい山というよりも、むしろ荘厳な荒々しい山という印象がつよかったのではなかろうか。この反歌のまえに冨士を詠んだ長歌があるが、そこでは（……天地の分れし時ゆ　神さびて　高く貴き……）という言葉で語られている。つまり、この山は普通の山とはちがって、神々しい崇高な山であって、人々の信仰の対象となっている山だ、ということを赤人はいいたかったのであろう。それを（……語り継ぎ　言ひ継ぎ行かむ……）と都の人に告げている。

山部赤人は他の宮廷歌人とおなじように、その伝記は不詳だが、官人としては身分のひくい下級官吏ではなかったかといわれている。富士山のある駿河《するが》の国は奈良の都からは遠く、また大和朝廷に服属した時期もおそかったので、文化的には鄙《ひな》びた国と思われていた。だから、いまわたしたちがおもい描く富士山とはおよそ違って感じられていただろう。赤人は東国の下総《しもふさ》国の国司になったとき、その往還のさい、この山をみて詠んだのであろう。この和歌は、のちに百人一首にもとりあげられて、だれでも知っている美しい冨士のすがたをおもい描くことになったが、冨士を知らない当時の奈良時代の人々に、この歌はどれたけの共感とインパクトをあたえたかは疑わしい。それはともかく、万葉時代のひとたちは、山とか川、海、また鳥にまで、霊とか人魂《ひとだま》がのりうつるものという観念をいだいていた。たとえば、大伯皇女《おほくのひめみこ》が弟の刑死を哀しんで詠んだ歌、

うつそみの　人にある我れや　明日よりは　二上山を　弟背《いろせ》と我れ見む（巻二・一六五）
（この世の　人であるわたしは　明日からは　二上山を　わたしの亡くなった弟として見よう）

弟の大津皇子は、持統女帝によって謀反をくわだてたということで殺される。実情は、女帝の息子の草壁皇子に王位を継がせたいために、人気のたかい甥の大津皇子を亡き者とする、古代の典型的な皇位継承悲劇である。ところが、二年あまりで、その草壁皇子が病没したので、大津皇子の死霊のたたりではないかと畏れて、女帝は大津皇子の亡骸を、めったに人の行かない、険しい二上山に移葬したということからこの歌は生まれている。いわば大伯皇女《おほくのひめみこ》の怨嗟《えんさ》の歌である。

古代では、人々の生活圏の外の世界はすべて異界であり、神々や死霊のやどる場所として畏れうやまい、まつりごとによって、鎮魂の儀式をとりおこなっている。つまり、弥生人にとっては人間界と自然とは一体となって不可分の関係にあった。それが思想として分離しはじめたのは、漢学と

仏教が移入されてからである。万葉集でみると、だいたい二期のおわりごろから三期にかけての歌にその兆しがうかがわれる。それはまた後に見ることにして、ここではまず原初的な古代人の心情をみてみよう。そのひとつに鳥に霊をたくする大津皇子の臨死の歌がある。

ももづたふ　磐余《いわれ》の池に鳴く鴨を　今日のみ見てや　雲隠りなむ（巻三・四一六）
（ももづたふは磐余の枕詞で、その池の鴨をみて、死んでいく自分の霊をその鴨にたくして、今日をかぎりに、いずこともなく、空のかなたに飛翔し去るであろう）

鳥に死霊をみる古代人の思いは、『古事記』に登場するヤマトタケル命《みこと》の最後が、「八尋《やひろ》白ち鳥と化《な》り、天《あめ》に翔《かけ》り飛びさる」という伝説からも知られるように、『万葉集』にもしばしばうたわれている思想である。たとえば、

山の端《は》に　あぢ群騒《むらさわ》き　行くなれど　われはさぶしゑ　君にしあらねば（巻四、四八六）
（鴨がむれとなって、山のかなたに飛んでいくけど、そのなかに貴方がいらっしゃらないので、わたしはさびしいのですよ）

という舒明天皇の后の歌にしても、アジガモと人間とを同格に意識する感性から生まれた歌である。儒教や仏教の思想がまだ古代人の心を犯していなかった初期万葉時代の人びとは、自然と人間とは一体という生活感覚のなかで生きていたことが知られる。そしてそれは原日本人の精神構造であり、今日でもわたしたちの心の底に原点として存在しているのではないだろうか。『万葉集』を読む意味は、すでに消滅したかとおもわれる、自然と人間との溶融した心情を、いま一度よみがえらせるということにある。ここで、鳥となって魂が空を飛翔《ひしょう》する歌があるので紹介してみよう。

鳥翔《かけ》る　在り通ひつつ　見らめども　人こそ知らね　松は知るらむ（巻二・一四五）

これは山上憶良《やまのうえのおくら》の初期の歌で、儒教の倫理観にもとづく後期のかれの歌とはまったく違った性質の歌である。この鳥は有馬皇子《ありまのみこ》の御霊《みたま》を象徴したもので、皇子はかつて磐代《いわしろ》の浜の松の枝を結んで先幸《さいさち》を願ったが、結局その願いはかなえられなかった。この出来事は、この歌の四〇年もむかしのことで、いまそれを知っている人はいないだろうが、鳥となってそこを天翔《あまかけ》る皇子《みこ》はいつもご覧になっており、松だけはそのことを知っているだろうという歌である。これだけでは、なんのことか分からないだろうが、有馬皇子の悲劇は、斉明天皇四年（六五八年）の十月、天皇と中大兄皇子が紀伊の国の牟婁《むろ》の湯に行幸し、湯治をされたとき、その留守中の十一月、有馬皇子が蘇我赤兄《そがあかえ》のそそのかしによって謀反をくわだてたということによって、赤兄《あかえ》に捕らえられて紀伊に送られる。そのとき磐代《いわしろ》の浜で、皇子は自分の運命を予知して、次のような歌を詠んだ。

磐代の　浜松が枝を　引き結び　真幸《まさき》くあらば　また還り見む（巻二・一四一）

しかし、牟婁《むろ》の湯では中大兄皇子の訊問をうけ、翌日の還りに藤代の坂で絞首される。そのとき有馬皇子は一九歳であった。この出来事は、すべて中大兄皇子のたくらみによって、皇位継承に都合のわるい皇子をおとしいれる策謀であった。暗にそのことを心得ていた後世の人びとによって、有馬皇子の悲劇はいつまでも詠いつがれてきたようである。そのいくつかの歌のなかから憶良《おくら》の歌をとりあげたのは、死んでも魂は鳥となって人間界の外の世界にとどまっているという、古代人の信仰にもとづいてうたわれているからである。山や鳥以外にも、海についての超現実的な世界をうたった歌があるのでみてみよう。

水江《みずのえ》の浦島子《うらのしまこ》を詠む一首併せて短歌

春の日の　霞める時に　墨吉《すみのえ》の　岸に出て居《ゐ》て　釣船の　とをらふ見れば　古《いにしえ》のことそ思ほゆる

水江の　浦島子《うらのしまこ》が　鰹《かつお》釣り　鯛釣り誇《ほこ》り　七日《なぬか》まで　家にも来ずて　海境《うなさか》を　過ぎて漕ぎ行くに　海神《わたつみ》の　神の娘子《おとめ》に　たまさかに　い漕ぎ向ひ　相とぶらひ　言成《ことな》りしかば　かき結び常世《とこよ》に至り　海神《わたつみ》の　神の宮の　内のへの　妙なる殿に　たづさわり　ふたり入り居《ゐ》て　老いもせず　死にもせずして　永《なが》き世に　ありけるものを　世の中の　愚《おろ》か人の　我妹子《わがもこ》に　告《の》りて語らく　しましくは　家に帰りて　父母に　事も語らひ　明日のごと　吾は来なむと　言ひければ　妹《いも》が言へらく　常世辺《とこよへ》に　また帰り来て　今のごと　逢《あ》はむとならば　この櫛笥《くしげ》　開くなゆめと　そこらくに　堅《かた》めしことを　墨江《すみのえ》に帰り来りて　家《いえ》見れど　家も見かねて　里《さと》見れど　里も見かねて　怪《あや》しみと　そこに思はく　家ゆ出でて　三年《みとせ》の間に　垣もなく　家失《う》せめやと　この箱を　開きて見てば　もとのごと　家はあらむと　玉櫛笥《たまくしげ》　少し開くに　白雲の箱より出でて　常世辺《とこよへ》に　たなびきぬれば　立ち走り　叫び袖《そで》振り　こいまろび　足ずりしつつ　たちまちに　心消《け》失《う》せぬ　若くありし　肌も皺《しわ》みぬ　黒くありし　髪も白けぬ　ゆなゆなは　息さへ絶えて　後《のち》つひに　命死にける

水江の　浦島子《うらのしまこ》が　家ところ見ゆ（巻九・一七四〇）

反歌

常世辺《とこよへ》に　住むべきものを　剣大刀《つるぎたち》　己《な》が心から　おそやこの君（巻九・一七四一）

〈春かすみの頃、墨江の岸から、釣り船がゆらゆら揺れているのを見ていると、むかしの言い伝えが思い出される。

水江の浦島子が、漁にでて、鰹や鯛釣りに夢中になって、七日たっても家に帰ってこないで、海の果てをこえて船をこいで行くうちに、海の神の娘子《おとめ》とたまたま行き会い、言葉をかわすうちに、心がとけあったので、ちぎりを結び、超現実の常世《とこよ》の国へと向かった。そして海の神の宮殿の霊妙な奥の院にふたりはあいたずさえて入り、老いることもなく、また死ぬということもなく、永遠に生きておられたのに、俗世の愚かな考えにまどわされて、妻に語って言うには、

「ほんのちょっと家に帰って、父母に事情を話してから、明日にでもわたしはかえって来よう」

といったところ、妻が言うには、

「常世の国にまた帰ってきて、いままでのような生活をしようと思われるのならば、決してこの櫛箱を開けないで下さい」

と、あれほど堅く約束したのに、墨江に帰ってみると、我が家を探しても見つからず、村そのものもまた見あたらないので、

「家を出て、まだ三年しかたっていないのに、垣根もなくなり、家も消え失せるというのは、なんともふしぎなことよ」

と思い、妻の渡したこの櫛箱を開けてみれば、元のように我が家も見つかるかもしれないと考え、その美しい櫛箱を少し開くと、白いけむりのような雲が箱からただよい出て、常世の国のほうへと流れていった。浦島子はその雲を追って、叫びながら着物の袖でそのけむりを捕らえようとして振りま

わし、走りまわったが、転んでしまい、這いつくばつたまま、たちまち失神してしまった。そして若かった肌にもしわがより、黒かった髪も白くなった。その後は息もたえて、ついに死んでしまった。
今は、かつて水江の浦島子が住んでいた家の跡が見える。）

反歌

（常世の国に、そのまま住んでおればよかったものを、（剣大刀＝枕詞）自分の考えから、おろそかなことをした者よ）

この話は、「浦島太郎の物語」としてもよく知られている民話だが、もともとは丹後国の説話で、『丹後国風土記』などに書かれていたものを、高橋虫麻呂が長歌に書きのこしたものである。高橋虫麻呂は下級官人ではなかったかといわれているが、その経歴は不明である。彼はいくつかの伝説を歌で表現した特異な万葉歌人であり、奈良時代第三期（七一〇〜七三三年）に活躍した人で、その叙事性ゆたかな歌風は、のちの物語文学にも通ずるような方法がとられている。この「浦島子」の訳をみても、およそ見当がつくだろう。

しかし、ここでこの作を取り上げたのは、そうした文学的な手法ではなくて、仏教の浄土思想が入って来るまで、古代人が抱いていた「常世《とこよ》」というイメージは不老不死の世界であったということと、また「海界《うなさか》」という人間界と自然界との区分をはっきりと意識していたことをこの作品は教えてくれることである。実際のところ、さまざまな外来思想を取り入れて成長してきたわたしたちの心を腑分けしてみると、こうした原点が見えてくるのではなかろうか。

三、多彩な歌びとたち

勅撰の歌集でないために、自由で幅広い階層から歌が集められている。たとえば、防人《さきもり》の歌、東歌《あずまうた》（東国の農民の歌）、遊行女婦《うかれめ》（官人たちの宴席で接待役をつとめた女たち）、乞食者《ほがいびと》の歌（門付け・遊芸者の歌）など、およそ美意識とは関係のない階層からの歌がみられるということは、万葉集のおおきな魅力である。まだ日本語の表記法がないときの、古代の人びとの感情表現はウタによって、口から口へとつたえられていたのであろう。ウタはきわめて単純な感情の表現方法である。うれしいこと、哀しいこと、あるいは怒りや憎しみなど、人間の基本的な感情を吐露するのにウタはもっともふさわしい。これがやがて集団の共通感情としてうたわれるようになったとき、のちに「歌垣《うたがき》」という分類でよばれる歌謡となった。記紀にはそうした歌謡がとりあげられ、説話のなかの高揚した部分をウタで表現している。それは歴史の記述に人間的なうるおいをもたらしている。

だが、『古事記』にはヤマト朝廷の正当性を主張する天武天皇のつよい意向によって、上つ代の人びとの生きざまをつたえるというところにまではいたらなかった。また、『日本書紀』は中国の国史に準拠した日本の歴史をのこすという意図で編纂され、漢文による記述という、異文化の言語表現によって、縄文人や弥生人の歴史を抹殺した日本人観が描かれることになってしまった。こうしたことは、自身の表記言語をもたなかった、日本列島の民族としてはやむをえないことであった。その点、当時の人びとの生きざまをつたえる唯一の記録としての『万葉集』には、日本人の原点がみられるのではないかという期待がもたれる。まず防人の歌からみてみることにしよう。

今日よりは　顧みなくて　大君の　醜のみ楯と　出で立つ我は（巻二〇・四三七三）
右の一首、火長《かちょう》（兵士十人の長）今奉与曽布《いままつりべのよそふ》
（今日からは　一身をかえりみないで　大君の　楯となるために　わたしは故郷を出て行く）

防人の歌のなかで、こうした自己犠牲のみられる歌は、あんがい数少ないということである。おそらく、火長《かちょう》という自負心からしぜんに出てきたのかもしれない。だが、わたしにとっては、さきの太平洋戦争のとき、この歌を援用して、多くの若者が戦場におくりこまれたことを思うと、決して忘れることのできない歌である。実際は万葉時代の人たちにとって、丁《よぼろ》（税の一種）が過酷な徭《よう》役《えき》であったことは、次の歌から察せられる。

葦垣《あしかき》の　隈処《くまと》に立ちて　わが妹子《もこ》が　袖もしほほに　泣きしそ思はゆ（巻二〇・四三五七）

右の一首、市原郡の上丁《かみのよほろ》刑部《おさかべ》直千国《あたひちくに》

（葦で編んだ垣の　もの陰に立って　袖もぬれそぼるほどに　妻が泣いていたのが思い出される）

市原郡は現在の千葉県市原市、上丁《かみのよほろ》（二〇～六〇歳までの男子で、お上《かみ》の役に召された者）の千《ち》国《くに》という人の歌。

松の木の　並みたる見れば　家人《いえびと》の　われを見送ると　立たりしもころ（巻二〇・四三七五）

右の一首、火長《かちょう》物部真島《ましま》

（松の並木を見ると、わたしを見送るために、家の人たちがいつまでも立ち並んでいたことを思い出す）

★註・これとおなじような風景が、第二次大戦中、出征軍人を見送る村人や家族の立ち姿にも見られていた。

我ろ旅は　旅と思ほど　家にして　子持ち痩《や》すらむ　我が妻かなしも（巻二〇・四三四三）

右の一首、玉作部広目《たまつくりべひろめ》

（わたしが辛いのは、旅だから仕方がないと思うが、幼い子をかかえて、田畑の仕事に疲れはててい

るだろう妻がかわいそうだ)

静岡県沼津市あたりの、広目という人

防人《さきもり》に　行くは誰が背と　問ふ人を　見るがともしさ　物思もせず（巻二〇・四四二五）

武蔵国の部領使《ことりづかい》掾《じょう》正六位上安曇《あづみ》宿禰三国が提出した、ある丁《よぼろ》の妻の歌一首

(「防人に行くのはどこのご主人」と問う人を見ると、うらやましい。なんの心配もしないですむのだから)

防人《さきもり》に　発たむ騒ぎに　家の妹が　業《な》るべきことを　言はず来ぬかも（巻二〇・四三六四）

右の一首、茨城郡の若舎人部《わかとねりべ》広足《ひろたり》

茨城県新治郡東部の人

(防人に出発する際のどさくさにまぎれて、農作業のあれこれを妻に言わずにきてしまったのが、気がかりだ)

防人の歌は巻二〇に八四首、巻一四に五首が載っているが、『万葉集』のなかでも、その庶民的で、率直な感情をうたった歌としては異彩をはなっている。また、古今を通じて二度と表現されることのない弥生人の心情を知るための貴重な歴史的資料でもある。それを記録したのは大伴家持である。かれは天平勝宝六年（七五四年）四月、兵部省の少輔《しょうほ》に任ぜられる。大伴家はもともと軍事

関係をつかさどる家柄であったから、家持はこの職にじゅうぶん満足していたようである。さっそく東国の各国府に、防人やその家族の歌を集めるように指示をだした。そして翌年の二月、防人の招集状態をしらべるために難波津《なにわづ》にでかけ、その時、各国の部領使《ことりづかい》（防人を引率する長）から歌の提出を求めた。兵士は約千人あまりいたが、歌は一七六首であった。そのうちから八四首を選んで収録したのが「防人の歌」である。巻一四の五首は、東歌《あずまうた》として別のルートで収録されたものである。いづれにしても、家持の配慮がなければ、こうした歌を今日わたしたちが目にすることはおそらくなかっただろう。

防人は律令制にともなう租税のひとつで、正丁《せいちょう》（二一～六一歳の男子）のうち四人に一人の割合で割り当てられていた。最初は都の衛士《えし》とか、国衙《こくが》の守備や軍事訓練などが義務づけられていた。ところが、六六三年、朝鮮半島の白村江《はくすきのえ》の戦いに大敗して逃げかえってからは、新羅《しらぎ》の侵攻を警戒して、対馬・壱岐・筑紫などに山城を築き、その防備のために東国の防人をあてることになった。任期はいちおう三年ということになっていたが、必ずしも守られるとはかぎらなかったようである。難波津までの旅費は自弁で、そこからは瀬戸内海を船で筑紫へ送られていった。しかし、大伴家持が兵部少輔《ひょうぶしょうほ》になって間もなく、七五七年からは東国の防人派遣は停止され、西海道の七カ国が西の防備にあたるようになったということである。むろん家持の力によるものではなく、橘奈良麻呂《たちばなならまろ》の変を制圧して、絶大な権力をにぎった藤原仲麻呂の農民への融和策のひとつであった。家持はむしろ、奈良麻呂派のシンパとして、翌年、因幡国《いなばのくに》の国司として左遷されている。『万葉集』の最後の歌が、この因幡国《いなばのくに》の庁で国郡《くにのこほり》の司らを招いて、正月の宴席でうたったものである。

新しき　年の初めの　初春の　今日降る雪の　いやしけ吉事《よごと》（巻二〇・四五一六）
（初春の今日降る雪のように、良いことがもっと積もればよいのだが）

とうたったが、それから二〇年あまり、不遇の地位にあまんじ、中央の政界に復帰したのは七八〇年に参議となってからである。それから五年後に六八歳で亡くなるまで、彼の歌はこの因幡国の歌が最後で、以後うたはない歌人となってしまった。しかし、万葉集の編纂はこの無任の時期に家持が主体となって完成されたのではないかと考えられている。

次に乞食者《ほがいびと》の歌と遊行女婦《うかれめ》の歌をあわせて紹介しておこう。
どちらも数が少ないし、また歌としてもあまり感心しない。ことに乞食者の歌は、各家のまえで門付けしてうたう歌で、おもしろおかしく、聞く人におもねってうたった歌で、投げ銭をもらうのが目的であった。のちに遊芸者として、この階層が庶民の娯楽をになう役割を果たすことになった。しかし、万葉集にのせられた歌はわずか二首で、いずれも取るに足らない戯《ざ》れ歌である。巻一六・

三八八五と三八八六だが、二首とも一四行におよぶ長歌である。ひとつは鹿を殺して食べる話だが、その角や肉や皮がそれぞれ人間に役にたって満足しているので、「申しはやさね　申しはやさね」（褒めて下さい、褒めて下さい）というリフレンで終わっている。いま一首は蟹が捕らえられて、宮中に召され、塩漬けにされる話で、「腊《きたひ》はやすも　腊《きたひ》はやすも」（干物を賞味して下さい、干物を賞味して下さい）という歌である。

笛や太鼓などの鳴り物入りでうたえば、けっこう楽しめたのかもしれないが、お金をもらうのが目的だから、リズムさえよければ歌の内容などはどうでもよかったのだろう。歌としてはほとんど取るにも足りないものである。ただ、こういう風習が奈良時代からあったということを知るだけでも貴重な記録といえるだろう。

次に、遊行女婦《うかれめ》の歌についてみてみよう。これもごく限られた歌である。遊行女婦《うかれめ》とは、官人たちの宴席で接待役をつとめるとか、またその枕辺にはべって無聊《ぶりょう》をなぐさめることもしていた女たちのことである。この歌も九首と数が限られているので、できるだけ紹介してみよう。

庭に立つ　麻手《あさで》刈り干し　布さらす　東女《あずまおんな》を　忘れたまふな（巻四・五二一）

（常陸《ひたち》の娘子《おとめ》が、藤原宇合大夫《うまかひまへつきみ》が転任で上京するとき贈った歌で、生業は麻を刈ったり、布をさらしたりするのが彼女らの仕事であったのであろう。そのなかで、官人の目にとまった娘子《おとめ》が枕辺には

べって奉仕していたものとおもわれる）

おほならば　かもかもせむを　畏みと　振りたき袖を　忍びてあるかも（巻六・九六五）

（並の身分の方ならば　思いのままにふる舞いますが　高貴の方ですので　お別れに袖を振ることもご遠慮しているのです）

大和道は　雲隠りたり　しかれども　我が振る袖を　なめしと思ふな（巻六・九六六）

（しかし遠い大和へ行ってしまわれるので　哀しみにたえかねて　わたしが袖を振るのを　はしたないとは思わないでください）

★この二首は、太宰府帥《そち》の大伴旅人卿が大納言《だいなごん》となって都にかえるとき、馬を大野山の山裾にとめて、太宰府の庁舎を振りかえって見ているとき、見送りきた大勢の官人のなかに、字《あざな》を児島という遊《う》行女婦《かれめ》がいて、別れをかなしんでうたった歌である。

絶等寸《たゆらき》の　山の尾の上の　桜花　咲かむ春へは　君し偲はむ（巻九・一七七六）

（姫山の尾根の　桜が咲くころになったら　あなたもわたしのことを懐かしく思いだしてくださるでしょうね）

君なくは　なぞ身装《みよそ》はむ　櫛笥《くしげ》なる　黄楊《つげ》の小櫛も　取らむとも思はず（巻九・一七七七）

（あなたがおられないのなら　なんで身をよそおうことがありましょう　あなたに頂いたツゲの櫛も手にとる気がしません）

★この二首は、播磨守だった石川《いしかわの》大夫《まへつきみ》が養老四年、兵部大輔に任ぜられ都にかえったため、播磨の娘子《おとめ》が贈った歌。次の一七七八番の歌も遊行女婦《あそびめ》の歌だが、無意味な歌なので省略する。

垂姫の　浦を漕ぎつつ　今日の日は　楽しく遊べ　言い継ぎにせむ（巻一八・四〇四七）

右の一首、遊行女婦《あそびめ》土師《はにし》の歌

★垂姫の浦は、富山湾の沖の海（氷見市大浦）で、大伴家持をたずねて都からきた田辺史福麻呂《たなべのふひとさきまろ》を招待するために、家持が名勝の垂姫の浦を船で案内したとき、遊行女婦《あそびめ》をともなっていた。そのとき土師《はにし》という娘子《おとめ》がつくった歌。歌にはたいした意味はないが、この福麻呂《さきまろ》の訪問は、左大臣橘諸兄の意向をつたえるもので、このとき万葉集の編纂が打診されたのではないかという、歴史的な意味のある遊行のさいの戯れ歌である。

やはり越中国府でのことだが、時期はすこし下がって、天平勝宝三年（七五一年）正月三日、内蔵忌寸縄麻呂《くらのいみきなわまろ》の家での宴会の席で、遊行女婦蒲生娘子《あそびめかまふおとめ》のうたった歌が一首（巻一九・四二三二）あるが、べつに見るべき歌ではないので省略する。これも家持を招いての宴席で、出席者がそれぞれ歌を残しているところをみると、おそらく家持にうながされて蒲生娘子《かまふおとめ》がうたったものを、家持が記録していて、万葉集にのせたものであろう。

最後に、遊行女婦《うかれめ》のうたった歌ではないが、大伴家持が興にのって作ったという長歌のなかに、いかにも遊行女婦《うかれめ》にまつわってありそうな話が載っているので紹介してみよう。

「史生尾張少咋《ししょうおわりのをくい》を教へ諭《さと》す歌一首併せて短歌」

（長歌は複雑に仕組まれているので、内容だけを訳しておく）

尾張少咋《おわりのをくい》は越中国の書記であった。身分は従八位下で、大伴家持に仕えていたが、左夫流《さぶる》という遊行女婦《あそびめ》と恋仲となり、いっしょに住むようになった。そこで家持が、理由もなく妻を離別するということは、一年半の徒刑になるのだぞ。また妻がありながらほかの女をめとるということは、男は一年の徒刑で、女は百の杖刑をうけることになっている。したがって、なに故に旧妻を忘れて、新しい女を愛する心などあってよかろうか。離れていても、妻はいつか迎えの使いがくるものと、ひたすらに待ちのぞんでいるだろう。それなのに、左夫流《さぶる》という遊行女婦《あさびめ》にくっついて、血迷っているお前の心は「すべもすべなさ」と諭している。

ところが、夫君の呼ぶ使いを待たずに、本妻がみずからやって来た。

左夫流児《さぶるこ》が　斎《いつ》きし殿に　鈴懸けぬ　駅馬《はゆま》下れり　里もとどろに（巻一八・四一一〇）

五月一七日に、大伴宿禰家持作る

（左夫流女《さぶるめ》が少咋《をくひ》の家で　主婦よろしく振る舞っていたところへ　鈴もつけない　妻の私用の早馬がやってきたので　府内は大騒動になった）

以上で、遊行女婦《うかれめ》の歌をおわり、次に東歌《あずまうた》をみてみよう。

巻一四は東国地方の歌を集めたものとなっているが、それらの歌は東国地方の方言を使ったものがかなりある。この巻は一字一音の仮名表記なので、現在でもその方言を読みとることができる。たとえば我は「和奴《わぬ》」と書かれ、立つは「多刀《たと》」、月は「都久《つく》」、布は「尓努《にの》」、らむは「奈毛《なも》」またはは「奈母《なも》」など、かなり発音どおりの漢字音で表記されている。東歌《あずまうた》は二三〇首あるが、国別では遠江《とおとうみ》以東と信濃《しなの》以東の一二カ国の歌で、すべて短歌形式でうたわれており、庶民の素朴な感情の表現が多い。たとえば、

稲搗《つ》けば　かかる我が手を　今夜もか　殿の若子《わかご》が　取りて嘆かん（巻一四・三四五九）

（稲を搗《つ》くのは寒い冬の時期なので、娘子《おとめ》の手はひびわれているのだろう。それをお屋敷の若殿が夜のおとぎに愛撫しながら、かわいそうにと言ってくださるだろう）

という歌である。しかし実際には、殿子と農民の娘がむすばれるということはなかったということだから、おそらく稲搗きの労働歌として、辛さを紛らわせるために娘たちがうたっていたのではないかといわれている。おなじような労働歌をもうひとつ、

多摩川に　さらす手作り　さらさらに　なにぞこの児の　ここだかなしも（巻一四・三三七三）
（布をさらして漂白する作業。この地方では、調税として、織り目のこまかい白布を朝廷に納めていたのであろう。現在でも、東京に「調布」という地名が残っている。その作業をしている娘子《おとめ》は、おそらく色白なのだろう。川のなかで布をさらさらとさらしているこの児は、どうしてこんなに可愛らしいのだろう）

高麗《こま》錦　紐解《と》き放《さ》けて　寝るが上に　あどせろとかも　あやにかなしき（巻一四・三四六五）
（美しい帯をといて、とも寝しているうえに、さらにどうすればよいのだろうか、こんなにも愛しているのだから）

東歌《あづまうた》にかぎらず、東国地方の歌には性愛の歌が多くみられる。たとえば「寝る」ということばはセックスそのものを表していたから、中央の歌には滅多に使われないことばであった。だが、東歌には数多くうたわれている。素朴といえば素朴だが、もともと口誦《こうしょう》でうたわれていた歌謡では、それはしぜんな表現であったのだろう。それが漢字で表記されるようになって、中央ではそれに倫理的な意味を加えることになったものと考えられる。その点、東国の歌には古代人の本来の感情がそのまま残ったのではないだろうか。もっとも、言語で表記された東歌《あづまうた》は、一般の庶民の歌ではなく、中央からきた官人が書きとめたものか、または彼らから漢字を学んだ豪族の子弟たちが書き残したものである。そうした官人のひとりに高橋虫麻呂という人がいる。さきに「水江の浦島子」の歌を作った歌人として紹介したが、東国でも伝承歌についてユニークな歌を書いている。ひとつは筑波山の嬥歌会《かがい》（歌垣《うたがき》の東国での呼び名）の歌である。

鷲の棲む　筑波の山の　裳羽服津《もはきつ》の　その津の上に　率《あど》ひて　娘子壮士《おとめをとこ》の　行き集《つど》ひ　かがふ嬥歌《かがい》に　人妻に　我も交《まじ》はらむ　我が妻に　人も言《こと》とへ　この山を　うしはく神の　昔より禁《いさ》めぬわざぞ　今日のみは　めぐしもな見そ　事もとがむな（巻九・一七五九）

（鷲のすむ深山の、筑波の山のモハキツの泉のそばに集まって、若い乙女や青年が謡って踊るこのカガイの夜は、人妻にわたしも交わり、私の妻にもよい男が声をかけなさい。この山の神は昔からおと

がめにならないことになっている。今日だけは女は愛らしく見えるのだから、男もとがめだてをしなさんな）

歌垣は、男女求愛の歌が発生した習俗でもある。神をまつる祝祭の場とか、収穫を祝う饗宴の日には、いつもの社会のきまりをはみだして、秩序に拘束されない、集団の任意な活動が黙認されていた。それは同時に、平素の抑圧されている権力にたいする庶民の鬱憤をはらす場でもあった。それが支配者にとってあまり好ましいことではなかったことは当然である。したがって、平安時代初期には太政官符で、京内や畿内ではこうした歌垣は禁止されている。その点、高橋虫麻呂が東国地方の官人であった奈良時代中期には、こうした伝統的な風習がまだ残っていたのだろう。いまひとつ、当時の美人で、のちのちまでも語りつたえられている遊女の伝承を、高橋虫麻呂がやはり残しているのでみてみよう。

しなが鳥　安房《あわ》に継《つ》ぎたる　梓弓《あずさゆみ》　周淮《すえ》の珠名《たまな》は　胸別《むなわ》けの　広き我妹《わぎも》　腰細《こしぼそ》の　すがる娘子《おとめ》の　その姿の　きらきらしきに　花のごと　笑みて立てれば　玉桙《たまほこ》の　道行く人は　おのが行く　道は行かずて　呼ばなくに　門《かど》に至りぬ　さし並ぶ　隣の君は　あらかじめ　己妻《おのづま》離れて　乞はなくに　鍵さへ奉《まつ》る　人皆の　かく惑《まど》へれば　たちしなひ　寄りてぞ妹《いも》は　たはれ

てありける（巻九・一七三八）

反歌

かな門《と》にし　人の来て立てば　夜中にも　身はたな知らず　出でてぞ逢ひける（巻九・一七三九）

（千葉県の安房《あわ》から常陸《ひたち》へむかう海岸沿いの村に、珠名《たまな》という美しい娘がいた。胸は豊満で、腰は細く、その姿はかがやくばかりに美しく、ほほえみながら家のまえに立っておれば、道ゆく人は自分の行く道も忘れて、呼ばれもしないのに家の門に立ち止まってしまう。また隣の男は、まず妻と離婚して、頼まれもしないのに蔵の鍵を渡そうとする。人びとがこんなに魅惑される珠名《たまな》は、言いよる男にしなやかに寄りかかり、はしたなくふるまっていた）

反歌

（戸口に男がきて立てば、夜中でも、身だしなみもかまわず、家から出てきて逢っていた）

上総《かみつふさ》国周淮《すえ》郡の珠名《たまな》という娘子《おとめ》は、当時から語りつがれていた美人で、また、もてはやされていたようである。今日でも、珠名《たまな》の碑といわれている塚が千葉県富津市内裏塚《うちうらつか》古墳にはある。高橋虫麻呂は、今日のわれわれでも分かるような、具体的な描写で、珠名《たまな》の美しさを伝えている。当時としては、先進的な通俗歌人と思われていたのではないだろうか。いまひとつの特徴は、伝承そのものの登場人物になりかわって作者が語るという、のちの物語文学のスタイルを、長歌によってこころみた最初の歌人ということである。虫麻呂はこのほかにも、「勝鹿《かつしか》の真間娘子《ままのおとめ》」、「葦屋《あしのや》の菟原《うはら》処女《おとめ》」などの伝承を長歌でうたった特異な歌人である。この「珠名娘子《たまなおとめ》」の塚が築かれているところをみると、彼女は一般の古代人にとって、あこがれの女性であったのだろう。もっとも、そうでない普通の女で、庶民の男たちに性的な満足をあたえていたと思われる歌があるので紹介してみよう。

筑波嶺《つくばね》の　嶺《ね》ろに霞居《かすみい》　過ぎかてに　息づく君を　率寝《ゐね》て遣《や》らさね（巻一四・三三八八）
（筑波嶺《つくばね》の峰に、かすみがかかって、なかなか離れないように、家のまえで、ため息をつきながら、うろうろしているあの男を、一緒に寝てやって、帰らせておやんなさいな）

なんとも率直な歌である。しかし、こうした風習は、ずっと近代まで農村では残っていた。若者があやまちを犯さないように、また、結婚生活を円滑にすすめるようにと、村にはこうした宿が、年配の熟練した女性によって用意されていたようである。当然ながら、こうした歌が万葉集に載るということは、普通は考えられなかっただろう。幸いにも、こういう歌が見られるのは、これまで見てきたように、勅撰によらない、自由な編集が認められていたからである。その編集をだれがしたのか、はっきりしないが、大伴家持の歌が万葉集に占める部門から推して、かれの意図がつよく感じられることはたしかである。家持が越中の国司であったころに、万葉集の編纂の話があったということも、中央からはなれた地方の歌に、かれの目くばりが届いた原因のひとつかもしれない。また父親の旅人や山上憶良の歌が、都から遠くはなれた筑紫の太宰府で開花したことも感化を及ぼしているのかもしれない。ともあれ、『万葉集』が今日なお、新鮮な感受性をもたらしているのは、古代人の根底に根ざしている実像を、率直に写しているからではなかろうか。

ここらで、地方の東歌《あずまうた》をはなれて、都の男女の愛の歌はどうだったのだろうか。それを見てみることにしよう。それはそれでまた、知的な文学性にとんだ歌である。万葉集では「相聞歌」という部立《ぶだて》に属するが、ほとんど全体の歌のなかばを占めている。

君待つと　我が恋ひ居れば　我が屋戸《やど》の　簾《すだれ》動かし　秋の風吹く（巻四・四八八）

（意味は説明するまでもなく明晰である。それだけにまた、現代でも通用する恋の間接的な情感がうかがわれる。これは額田王《ぬかたのおおきみ》という、かずかずの名歌を残した初期万葉歌人の歌で、「君」は天智天皇をさすらしい。しかし、天智天皇の後宮に入るまえに、大海人皇子《おおあまのみこ》（天智の弟）と結ばれ、十一皇女《とおちのひめみこ》を産んでいる。恋の歌としては、そのほうが有名なので、あわせて紹介しておこう。）

あかねさす　紫野行き　標野《しめの》行き　野守《のもり》は見るずや　君が袖振る（巻一・二〇）

（薬草狩りという宮中行事のとき、かつての夫大海人《おおあま》皇子が、額田王《ぬかたのおおきみ》に愛のサインの袖を振ったことを、彼女が揶揄《やゆ》してうたった歌）。それに対する皇子の応答の歌がおもしろい、

紫草《むらさき》の　にほへる妹を　憎くあらば　人妻ゆえに　我《あれ》恋ひめやも（巻一・二一）

（紫という色は、当時最上級を意味していた。したがって、あなたのようにこの上もなく美しい女を、憎いと思うならば、人妻と知りながら、どうしてわたしが恋しく思わないことができましょうか。いまでも恋しく思っているのですよ）

ということだが、この歌の贈答は宮廷で、群臣をまじえての宴会の席でうたわれたもので、歌詞どおりの真剣なやりとりではなかっただろうといわれている。むらさきのにほえる妹といっても、彼女はこの時すでに四〇歳近い年齢だったので、たぶんにからかい気味の意図もあったのではなかろうかと推察されている。天智天皇が亡くなったあと、壬申《じんしん》の乱《らん》によって大海人皇子《おおあまのみこ》が天武天皇となった歴史の経過を思うと、この歌もまた興味深いものがある。

次に、但馬皇女《たじまのひめみこ》が高市《たけち》皇子の宮殿にいるとき、穂積《ほづみ》皇子を慕ってつくった歌をみてみよう。

秋の田の　穂向きの寄れる　片寄りに　君に寄りなな　言痛《こちた》くありとも（巻二・一一四）

（みのりの秋になると、稲の穂が一方にかた寄るように、わたしもあなたに寄り添いたいと思います、ひとの噂がどんなであろうとも）

という歌だが、その内情はかなり複雑ないきさつをはらんでいる。たとえば、高市《たけち》皇子（のちに太政大臣）・穂積皇子（のちに知太政官事）・但馬《たじまの》皇女は、母こそそれぞれ違うが、いずれも天武天皇の子である。但馬皇女は高市皇子の後宮にいて、異母兄弟ということで、結婚は認められていたようである。だが、高市《たけち》は長男で、穂積は七男とかなりの年齢差があり、但馬《たじまの》皇女にとって、高市《たけち》皇子のもとにかたづいたことも不満だったのだろう。その点、穂積皇子とは歳も近くて、若いということもあって、但馬《たじまの》皇女が穂積皇子に惹かれていることは人々の目につき、噂のたねになっていた。次の歌は、ひそかに穂積皇子に逢っていたことが露見したとき、但馬《たじまの》皇女のつくった歌である。

人言《ひとごと》を　繁み言痛《こちた》み　おのが世に　いまだ渡らぬ　朝川渡る（巻一・一一六）

（いままでは世間をおもんばかって、ひそかに逢っていたが、ひとの噂があんまり激しくなったので、こうなったらわたしのほうから川を渡って逢いに行こう。世間体なんかどうなってもかまわない）

というとてもはげしい恋のおもいをあらわした歌である。これはのちのちまで、恋歌として語りつがれたといわれるほど、愛の真情を感じさせる歌となっている。

いまひとつ、はげしい情熱にあふれた歌をみてみよう。

君が行く　道の長手《ながて》を　繰り畳ね　焼き滅ぼさむ　天《あめ》の火もがも（巻一五・三七二四）

（狭野弟上娘子《さののおとがみおとめ》の歌である。彼女は斎宮寮の蔵部司で、掃除などする女孺《にょじゅ》という下級の女官であったが、中臣朝臣宅守《なかとみのあそみやかもり》という官人に認められて結ばれることになった。だが、それが朝廷の風紀を乱したということで、宅守《やかもり》は越前国に流配となる。その別れにさいして、娘子《おとめ》が嘆き悲しんで、越前までの長い道を折りたたんで焼き滅ぼすような天上の火がほしいと、当時としては思いがけない超現実的な発想の歌を残している。これも恋の情熱からしぜんに生みだされた、異彩を放つ歌である）

恋はかなしいものであり、それだけにまたかけがえのない、すぐれて人間的な感情であることをうたった歌があるので紹介しておこう。

吾が恋は　まさかもかなし　草枕　多胡《たご》の入野《いりの》の　奥《おく》もかなしも（巻一四・三四〇三）

（わたしの恋は今もかなしいが、多胡《たご》の入野《いりの》の奥に分け入ってもやっぱりかなしいだろう。この恋がつづく限り、このかなしみからは抜け出せないだろう）

という、恋の矛盾をいちずにうたった歌である。この歌は東国の無名な女の歌で、おそらく一庶民の率直な感情をうたったものであろうが、中西進が『万葉時代の日本人』のなかで、「恋とはなにかをたった五文字　（恋はかなしい）　と言い切っている」と賞賛している歌である。「恋はかなしい」という断言は、いかなる説明よりも的確に恋の本質を言いあてていると、中西はいっている。「かなしい」とは愛するあまりの悲哀を言っているのであって、かなしみから解放されたとしたら、それは恋のおわりを告げるものである。愛が歓びだと思っている者には考えられないだろうが、愛の根源は献身であり、奥に分けいっても決して尽きることのない「かなしみ」であることの美しさを、この歌は表現しえているのである。

相聞歌の最後に、恋の手管の秘訣を紹介しておこう。

恋ひ恋ひて　逢える時だに　愛《うるわ》しき　言《こと》尽くしてよ　長くと思はば（巻四・六六一）

（恋しい恋しいと思って、やっと逢えたときぐらい、優しいことばの限りをつくしてくださいな、二

人のなかをいつまでもつづけたいと思うのなら）

この歌は、かずかずの恋愛をかねてきた大伴《おおとも》坂上郎女《のさかのうえのいらつめ》の歌で、恋の手管《てくだ》を知りつくした女の心情であろう。

四、万葉時代とその背景

言葉はどこの国にもあるが、それを書きあらわす言語となると、文化の発達した国でないと生まれない。言語の成長には、その国の政治ならびに宗教との関連が欠かせない要件であることは、世界共通の現象である。日本語の場合も例外ではない。『古事記』『日本書紀』『万葉集』が生まれたのも、大和朝廷の政治的発展の成果のひとつである。そこで、『万葉集』を読むだけなく、言語的な観点から、万葉時代の政治と仏教についてふれてみる必要があるだろう。

記紀および万葉集が生まれるうえで、もっとも重要な政治上の変化は、大和朝廷の全国的な支配体制が確立したことである。それはどういうことかというと、それぞれの国々の豪族をとおして間接的に農民を支配するという従来の方法とは異なって、大和朝廷が直接国民を支配する、公地公民という新しい政治組織にかわったことである。それは六八九年、持統天皇によって、飛鳥浄御原令《あすかきよみはらりょう》が公布施行され、地方には中央官庁から国司が派遣され、かつての豪族たちは郡司として大和朝廷の支配下におかれたことである。こうした仕組みを律令国家というが、その機構を支えるものは太《だい》政官《じょうかん》（議政官組織）とその配下にある官人たちであった。こうした国家の財政を支えたのが、班田収授の法である。これによって、朝廷の収入は飛躍的に増加したが、同時に徴税や徭役《ようえき》によって国民の負担も増大した。たとえば山上憶良の「貧窮問答《ひんきゅうもんどう》の歌」の後半の次のような歌からも推察される。

天地《あめつち》は　広しといへど　我がためは　狭《さ》くやなりぬる　日月《ひつき》は　明《あか》しといへど　我がためは
照りやたまわぬる　人皆か　我のみやしかる　わくらばに　人とはあるを　人並に　我も作る
を　綿もなき　布肩衣《ぬのかたぎぬ》の　海松《みる》のごと　わわけさがれる　かかふのみ　肩にうち掛け　伏廬《ふせいほ》の
曲廬《まげいほ》の内に　直土《ひたつち》に　藁解き敷きて　父母《ちちはは》は枕の方に　妻子《めこ》どもは　足の方に　囲《かく》み居て　憂
へさまよひ　かまどには　火気《ほけ》吹き立てず　甑《こしき》には　蜘蛛の巣かきて　飯炊《いひかし》く　ことも忘れ
ぬえ鳥の　のどよひ居《を》るに　いとのきて　短き物を　端《はし》切ると　いへるがごとく　しもと取る
里長《さとをさ》が声は　寝屋処《ねやど》まで　来立ち呼ばひぬ　かくばかり　すべなきものか　世間《よのなか》の道（巻五・
八九二）

（天地は広いというのに、わたしのためには狭くなったというのだろうか。太陽や月は変わらず明るいのに、わたしには照っては下さらないのだろうか。みんなそうなのだろうか、それともわたしだけがそうなのだろうか。

幸いにも、人間の世に生まれて、人並みに働いているのに、わたも入れない袖無しの、よれよれになったぼろをまとい、竪穴《たてあな》住居の掘立小屋の土間に、わらを敷いて、父母はわたしの枕のほうに、妻子はわたしの足のほうに身を寄せ合って、互いにぐちをいったり、悲しんだりしているというのも、かまどには火の気もなく、蒸し器にはくもが巣をはって、めしを炊くことも忘れるほどのさまで、よわよわしい悲鳴をあげているというのに、「特に短いものを、さらにその端を切って短くする」という諺のように、租税の取りたてに鞭をもった村長の催促の声が寝床まで追いかけてきている。この世の中を生きていくということは、こんなにも切ないものなのだろうか。)

憶良がこの歌をつくったのは七三〇年当時で、律令体制ができて四〇年あまりたち、班田収授制はしっかり定着し、国民からの収奪は頂点をきわめていた。それだけに朝廷の財政はゆたかになり、藤原京の造営(六九四年)から、さらに中国の長安をモデルとした本格的な都城をめざして平城京が造営(七一〇年)され、都には東西南北に碁盤の目状の大通りが配され、柳や槐《えんじゅ》の街路樹が植えられていた。憶良が筑前の国司であったとおなじ頃、九州の太宰府の官人だった小野老朝臣《おののおゆのあそみ》が平城京を懐かしんで次のような歌をつくっている。

青丹《あおに》よし　奈良の都は咲く花の　にほうがごとく　今さかりなり（巻三・三二八）

二つの歌をくらべてみると、まったく違った世相がうかがえる。ひとつは貧苦のどん底にあえぐ平民であり、いまひとつは平城京のはなやかな生活にあこがれる官人である。万葉集の時代はまさにこの二つが平行して進行していた時代であった。だが、万葉集の大部分は官人によってつくられた歌であり、また唯一の識字層も官人たちであったから、憶良の歌がなければ、万葉集を読むかぎり、当時の日本人の生活と文化はかなり優雅なものと誤解されているだろう。わたし自身もそう思っていた。しかし、それはほんの一部分の人たちで、奈良時代までの官人はほぼ百数十人くらいの規模ではなかったかといわれている。それが七〇一年大宝律令の公布によって中央官制が整備され、官人の数がいっきょに増加した。平安遷都のころには官人の数は一二〇〇〇人におよんだといわれている。それにしても、国民の平均値からすれば識字層は極端に少数である。当時の人口が五〜六〇〇万人といわれているから、官人のほかに、皇族や貴族、それに僧尼を加えても、わずかに〇・〇〇〇三パーセントたらずである。ほとんどが文盲の社会であった。この比率は、明治の教学がはじまる時代まで、さほど大きな変化はなかったと思われる。わたしたちが日本の歴史を学ぶとき、とかく陥りやすいのが、言語によって記録された現実が、そのままその時代の実勢をあらわすものだと錯覚することである。しかし、それは社会のほんのうわづみにすぎないということである。奈良時代になって、はじめて表記された日本語の書物が書かれるわけだが、当時の人々にとってはむろんのこと、現代のわたしたちにとっても、ほとんど架空の世界に近いといえるのではないだろうか。それはともかく、憶良が描いた貧窮の民衆の生活はどうであったのかを見てみることにしよう。

班田収授《はんでんしゅうじゅ》の法によって、農民は二段《たん》（二〇アール）の口分田《くぶんでん》を国から貸与されることになった。この田んぼから、当時の収穫量で平均五〇束（約一五〇キログラム）くらいのお米がとれたということである。今日の平均収穫量なら一、〇〇〇キログラムということだから、当時の農業技術では、せいぜい今日の十分の一・五ということになる。それにたいして、国に納めるお米（初穂米）は二束二把（六・六キログラム）ということである。しかしこれは、直接国に納めるのではなく、各郡につくられた倉（正倉《せいそう》）に蓄積して、春の種まきと秋の収穫期まで、農民に貸して（出挙《すいこ》という）、五割（のちに三割）の利稲《りとう》をとり、役所の経費にあてるという仕組みになっている。

この納税だけなら農民は耐えられただろうが、このほかに調・庸と雑徭《ぞうよう》が課せられていた。調・庸は繊維製品や各地の特産品を貢納していたようだが、雑徭《ぞうよう》は道路や水路の土木工事、また役所の造営、都への労役奉仕など、年間六〇日におよぶ負担が課せられていた。調・庸を都へはこぶ運搬のために徴発された運脚《うんきゃく》というキャラバン隊の費用も農家の負担であった。都からのかえりに、食料がなくなって飢え死にする行路人も数多くいたらしく、万葉集のなかにも、路上の死人をあわれんでうたった歌がいくつかみられる。「飯《いひ》に飢え　臥《こや》せる　その旅人あわれ」（日本書紀）、また

「家にあらば　妹が手まかむ　草枕　旅に臥《こや》せる　この旅人あわれ」（巻三・四一五）聖徳太子が行路死者をみてよんだ歌である。

こうした雑徭《ぞうよう》のほかに、年一〇日間は軍団に徴発され、武芸の訓練や弓矢の手入れ、ときには災害時の人夫にかりだされることもあった。これらの負担は、やがて農民にとって耐えがたいものとなり、口分田を捨てて逃散《ちょうさん》するものが続出するようになった。そのきっかけは、藤原京や平城京の造営に徴用された農民が、そのまま本貫《ほんがん》（本籍地）にかえらずに浮浪人になることだった。浮浪人になった彼らはどうしたかというと、畿内や近江《おうみ》の豪農の家にかくまわれて、官の追求をのがれ、そこに住みついて百姓の仕事を手伝っていたらしい。それを取締まる法令が『続日本紀巻四』に出ているということである（『万葉の時代』北山茂夫）。

都城の造営は何年にもわたって農民を徴用する必要があった。丘をけずって谷をうめる地ならしからはじまって、大極殿から城門まで、莫大な建築木材を各地から運搬しなければならなかった。たとえば「赤駒の腹這う田居を都と成し」とか、「水鳥のすだく水沼を都と成し」とうたわれているように、最初から平坦な土地ではなかった。また「藤原宮の役民の作れる歌」には、近江の国の田上山の檜の大木を宇治川にうかべて流し、いかだに組んで、なら山を持ち越すために、民はわれを忘れて精をだしているとうたわれている。むろん、徴用された役民がつくった歌ではないが、上代の人力のみによる労力がいかにたいへんであったが察せられる。

こうした動員によって、当然農村は荒れはて、民衆の動揺はまぬがれがたかった。朝廷もそれを放置しておくことの危険を感じて、元明天皇は三年間、国庫の稲を無償で貸し出すことを指示している。しかし、国司や郡司らはひそかに利稲《りとう》をとって、それに従うものはいなかったということである。口分田を捨てて逃散《ちょうさん》するにはそれだけの辛い事情があるからで、それを改めないかぎり、この廃退が止まることはなかった。戸主が逃散したあと、残された家族はどうなったのだろうか。資料はないが、おそらく近郷の豪農に吸収合併され、元の家族は賤民身分となり、税の負担を免除されたのではなかろうか。こうしてしだいに貧富の差がうまれ、七四三年の墾田永年私財法によって公地公民の理念はくずれ、貴族や寺院の勢力が各地の国々に私有地を造成していった。もともと班田収授法は中国の均田法をまねたもので、いずれ口分田が不足することはわかっていた。ただ、それが意外にはやく崩れていったのは、三代におよぶ女帝の時代がつづき、光明皇后や孝謙女帝へとひき継がれていった天皇家の弱体化によるものではないかと考えられる。そうした権力の弱体化はまた逆に、万葉時代という文運の芽生えを生みだしたといえるのかもしれない。文運の芽生えではないが、いまひとつ注目すべきことは、女帝たちの鎮護国家を祈願する仏教への傾倒である。それをまずみてみよう。

仏教の普及には教典の読経が必要であった。だが、その教典は朝鮮や中国から持ちかえった限られた冊数にすぎない。それを各寺にそなえつけるためにとられた手段が写経である。天武天皇二年

（六七三年）、「一切経」の最初の書写が川原寺ではじめられている。ついで、持統八年（六九四年）、女帝は「金光明最勝王経」を一〇〇部写経し、諸国に備えつけ、正月に読経することを命じている。七〇一年には「僧尼令」が制定され、僧尼は俗人と区別して、戸籍から僧籍に編入され、課役を免除されることになった。この優遇処置は大量の僧尼を生むことになり、口分田をすてて浮浪者になった私度僧《しどそう》の集団が、京の近くの山中にあつまり、不穏な呪術的宗教活動をはじめるようになった。その最初の中心人物が行基《ぎょうき》である。

かれは民間への布教活動を積極的にすすめると同時に、橋や池をつくり、水田をひらくという開墾事業を貧しい人たちといっしょになって実践した。乞食姿の行基《ぎょうき》と行動をともにすることによって、人々は現世の不幸から救われ、仏の道にしたがって来世への望みをつなぐことができると信じた。僧侶は神聖な存在で、行基《ぎょうき》のようなこうした世俗的な行動は、これまでにかってないことだった。しかし、日本の仏教が鎮護国家という現世的な目的に利用されたように、鎮護を民衆の救済ということに振りかえれば、他者を利益し、慈悲によって救済につとめるという他行《たぎょう》は「菩薩行《ぼさつぎょう》」として、仏教の通俗化の一種でもあった。したがって、人々はかれを「行基菩薩」とよんで慕い、かれの行くところはたちまち数千人の信者であふれ、行基集団は律令国家をおびやかす存在となっていった。朝廷は当然、取り締まり令（七一七年）をだして、勝手に僧形（私度僧）になることを禁じ、寺院外での教化や呪術的な病気の治療なども規制している。それでもなお、行基とその信仰集団の活動はおとろえることはなかった。朝廷は七二二年、七三〇年と、行基集団を対象としたとおもわれる禁令をだしている。

行基集団がなぜこれほどの勢いをえているかというと、むろん行基の人柄によるところも大きいが、本質は班田収授法の欠陥である。行基をささえたのは、口分田を放棄した浮浪人だけではなく、豪族たちもまた、徭役その他の律令国家の隷属関係からのがれることのできない不満を、墾田開発による私有地をふやすことによって解消しようとした。そして、多くの逃亡農民や浮浪者をかかえていた豪族らは、行基のすすめる開墾や灌漑施設の造営などに積極的に参加し、それを「知識」(仏道による結縁によって喜捨すること)によって、国の統制からのがれ、布教の拠点としての宗教施設を建立している。そうした施設が畿内周辺に四九院もでき、朝廷としても、もはや行基集団を弾圧する政策から、その民間エネルギーを国家仏教へ吸収する方向へと転換せざるをえなくなった。そして七四五年には、行基を大僧正に任命している。

一方、国家仏教はどうなったのだろうか。元正女帝にかわって首皇子《おびとみこ》が即位し、聖武天皇となったが、写経の行事はあいかわらず続けられている。

七二八年には「金光明経」を書写し、一〇巻づつ諸国に頒布し、「仁王経」の講義を朝廷と諸国で講じさせている。

七三七年には、凶作と天然痘の大流行で世の中は騒然となり、それを鎮めるために、仏教の効験を願って、「釈迦仏像」と「脇侍《わきじ》の文殊《もんじゅ》・普賢菩薩像《ふげんぼさつぞう》」を諸国につくらせ、「大般若経《だいはんにゃきょう》」を書写している。

七四〇年には、光明皇后が両親の冥福を祈るために、「一切経」五〇〇〇巻の写経をはじめることを発願《ほつがん》する。それが五月一日だったのでこの書写を「五月一日経」というが、結果的には奈良時代最高の経典を集大成することになった。そのための写経所が皇后宮職《こうごうぐうしき》にでき、さらに造東大寺司《ぞうとうだいじし》へと受け継がれていった。それは天平勝宝末年までつづけられ、一切経のみならず、諸寺の所蔵する注釈書までも書写して、約七〇〇〇巻におよんだと推定されている。そのうち約一〇〇〇巻が、今日正倉院に現存しているということである。

ところで、経典そのものは中国にも原典があってそれほど貴重とはいえないが、書写した紙は、これほど大量の製紙を生産する技術がなかったので、役所でいったん使った文書や、諸国の戸籍、また徴税のための帳簿などの白紙の裏面に書写されているため、奈良時代の貴重な文書資料がぐうぜん保存されることになった。資料は白紙の部分を任意につぎはぎしているために、その続き具合を調査する作業はいまなお続けられているが、ともかく古代の資料がこれほど豊富に保存されていることは希有のことである。光明皇后は思わぬところに歴史的な業績を残したことになる。

七四一年、全国に国分寺と国分尼寺を造営するという願文がだされ、七重塔を中心とした新しい寺院を各国に建立することが命じられている。なおそのために、「金光明最勝王経」は僧寺用に、

「法華経」は尼寺用に、それぞれ書写することも許られている。こうした詔勅は聖武天皇名になっているが、その構想の主体は光明子であったことが正倉院宝物の勅書銅板から推定されている。要するに、女帝の時代から一貫していえることは、仏の力によって国家の安寧をねがい、疫病や飢饉による社会不安をまぬがれようとしたことである。しかし、現実は律令国家の内包する、朝廷の支配力とその抑圧に苦しむ民衆との葛藤であって、強力な政治力によらないかぎり、この矛盾を解決できる問題ではなかった。その狭間《はざま》でゆれ動いたのが聖武天皇ではなかったかと思われる。

七四三年、聖武天皇は盧舎那大仏《るしゃなだいぶつ》の建立を宣言する。ところが、この大仏が建立される場所は、なんと近江国の紫香楽《しがらき》村の甲賀寺《こうかでら》であった。なぜ紫香楽村かというと、七四〇年の藤原広嗣の反乱を契機に、天皇は伊勢から美濃国にまわり、さらに近江から山背国（のちに山城）の恭仁宮《くにのみや》に行幸し、そこに都をうつしてしまったからである。その決定はあまりに唐突な思いつきのように思われる。都を移した動機を憶測するに足るような出来事は見あたらない。あえていえば、政治の実権を担っていた藤原四兄弟の、天然痘によるあいつぐ死による政情不安と、いまひとつは皇位継承者が安倍内親王という未婚の女性であり、皇統史上かってない不安定な状態にあったことであろう。こうしたことは、天上人として、なにひとつ不自由なく育った聖武にとっては、はなはだ不本意な情況であった。こうしたしらがみから逃避するという、心の迷いの遷都ではなかっただろうか。

それはともかく、恭仁京《くにきょう》の造営に徴発した労働力は五、五〇〇人いわれている。そのうえ、紫香《しが》楽宮《らきのみや》の造営と盧舎那仏《るしゃなぶつ》の建立という異常な計画の実行は、民衆に多大の負担を強いることになった。朝廷ではこのとき、行基《ぎょうき》のひきいる信徒集団を利用することをはかって、労役の代償に、私度僧《しどそう》の得度を積極的にみとめている。七四三年一月、平城京から移築した恭仁京《くにきょう》の大極殿で、はじめて朝賀の儀式をおこない、五月には安倍内親王に五節舞《ごせちのまい》をまわせて、それとなく皇位継承への披露をこころみている。また同じ月、墾田永年《こんでんえいねん》私財法が発布され、寺社や豪族への土地の私有をみとめ、口分田からはみだした浮浪人が開墾に従事する道もはかられた。七月には紫香楽宮《しがらきのみや》へ、官人二、四〇〇人あまりをひきつれて再度の行幸をおこない、一〇月、大仏造立のみことのりがだされ、ただちに甲賀寺《こうかでら》の整地にとりかかっている。その先頭にたって活躍したのが行基集団であった。十一月、仏像の骨組みの柱が建てられるのを見届けて、聖武はいったん恭仁宮へかえっている。ところが翌年一月、こんどは難波宮へとむかったのである。そして、天皇大権の印である駅鈴と内印・外印を、恭仁宮から難波宮へ移している。二月、難波宮を皇都とするという詔勅がだされる。しかし奇妙なことに、天皇は紫香楽宮へふたたび行幸し、そこを新京とよび、名称も甲賀宮《こうかのみや》と改めている。現在、滋賀県甲賀郡信楽町にその宮跡が発見されている。この行幸は、おそらく大仏造立の事業があったからだろうが、いずれにしても官人や民衆の混乱と困惑をかんがえると理解に苦しむところである。

翌年、七四五年五月、天皇は甲賀宮をはなれて、四年半ぶりに平城京にかえった。だが、平城京にもどって三ヶ月後、天皇はふたたび難波宮に行幸している。これもまたどういう意図かわからないが、平城京の大極殿を恭仁京に移築しているため、宮殿の修復をはからないと、天皇の居所もないという荒廃の状態だったということである。ところが、難波宮で聖武は病気になり、一時は危篤の状態になった。しかし間もなく病状は危機を脱し、九月二六日、平城京にふたたび還都している。その後、健康がすぐれず、七五六年、聖武は五六歳で亡くなるまで、平城京をはなれることはなかった。しかし、あいつぐ遷都は、国庫に多大の負担をもたらし、役民へのたび重なる徴用は、公地公民体制への癒しがたい亀裂を生じさせる結果となった。だが、こうした奈良時代の社会不安は、『万葉集』を読むかぎりほとんど知ることはできない。わずかに山上憶良の「貧窮問答の歌」から推察できるにすぎない。むろん防人の歌には過酷な兵役の状況がうかがえるが、やはり「大王《おおきみ》のミコト畏《かしこ》み」という防人の歌などからみて、王権に服従する従順な民衆の姿がうかがわれる。かれらがその専政体制からのがれる方法は、浮浪者になるか、この世をすてて私度僧《しどそう》になるかするほかなかったのではなかろうか。

それにしても、聖武天皇があれほど平城京を忌み嫌ったのはどういう事情があったのだろうか。それを推察するような資料も評論もわたしは知らないが、今日、東大寺の大仏の偉容を仰ぐと、現実の政治の葛藤をのがれて、この国土を仏の蓮華蔵《れんげぞう》世界のようにしたいという、聖武天皇の思念のようなものがうかがわれる。

紫香楽宮の大仏造立を中断したのは、周辺の山でたびたびおこった山火事によるものといわれている。それというのも、恭仁京につづく紫香楽宮の造営、さらに大仏建立にたいする官民の不満が、放火というかたちで表われたのではないかといわれている。ともかく、平城京をあれほど嫌っていた天皇が、平城京にかえることを容認したのは、大仏を平城京につくるということを条件にして実現したのではなかろうか。七四五年五月、平城京にかえって、八月二三日には外京《げきょう》の東の山麓、山《やま》金里《がねのさと》の金光明寺に大仏造立を再開している。もっとも二八日には難波宮に行幸し、そこで病に倒れるので、本格的な工事はその後の還都からということになる。まず、芯となる柱を立て、それに木材を組み合わせて籠状の像をつくり、これに赤土を塗りかさねて乾燥させたものが原型となる。実際に銅を流し込んだのは、二年後の九月二九日である。以後八回にわたって鋳造し、七五〇年一月、鋳造のために積みあげた盛り土をとりのけ、ようやくあらけずりの大仏が姿をあらわしている。

鋳造に使われた銅は二八〇トン、補修用と螺髪用の銅が二二・五トンで、その銅の産地は長門国の秋吉台の東「長登銅山《ながのぼり》」から運ばれている。ついで金メッキに必要な金は約六〇キログラムだが、それをどこから調達したかはわからない。陸奥国や下野国の産金が報告されているが、はたしてそれだけでまかなわれたかどうか。なお木材については、播磨国から大仏殿の柱五〇本がきりだされ、淀川から木津川をさかのぼり、平城山《ならやま》をこえて東大寺に運ばれたらしい。そのほか近江国と伊賀国には製材の作業場がみられるので、ここが材木の調達場ではなかったかと考えられる（『日本の歴史四巻』渡辺晃宏）。

大仏の鋳造にあわせて、その思想的背景となる華厳経《けごんきょう》の写経がはじまっている。「二十部六十花《け》厳経《ごんきょう》」と呼ばれるもので、一部六〇巻の華厳経を二十セット、一二〇〇巻の書写である。したがって、光明皇后の「五月一日経」の一切経五〇〇〇巻のセットと平行して、膨大な写経事業が奈良時代を通しておこなわれたことになる。その写経に使われた用紙が、役所の公文書の裏面であったことから、今日貴重な歴史的資料として役立っていることは先に紹介したとおりである。しかし同時に、書写された経典が各地の国分寺・国分尼寺で読経され、経文ではあるが、同時に文字化された日本語の普及をいっきょに広めたものと考えられる。経典のむずかしい漢字に簡略漢字を振りつけて、無学な僧尼にも読めるようにしたのがカタカナのはじまりだといわれている。ヒラガナは漢字の草書体からつくられたといわれているから、同じ仮名でもその発想はまったく違っている。ただ、それが万葉仮名にかわって使用されるようになるのは、さらに平安時代にはいってからである。

大仏開眼は七五二年四月九日で、紫香楽の造立から数えると足かけ九年の歳月を要している。開眼といっても、完成したわけではなく、わずかに頭部だけ金メッキがほどこされていたようである。にもかかわらず開眼供養会がおこなわれたのは、聖武太上天皇の体調の不良がすすんだからである。難波宮で発病して以来、政務への関心を失い、七四九年一月、大僧正行基から菩薩戒をうけて出家している。天皇の出家は史上はじめてのことで、天皇不在の状況が生じたため、七月安倍内親王が即位して孝謙女帝となった。すべては異例の出来事である。その間、藤原仲麻呂が大納言となり、皇親政治から側近政治へと移っていった。こうした時代のながれは、やがて法王道鏡の出現を見ることとなり、平城京の終焉へとつながっていった。

万葉時代が女帝の時代だという認識は、こうした結末をまねいたことにもよる。それは、天智・天武天皇によって現人神《あらひとがみ》という絶対王政が確立し、律令国家というはなばなしい政治体制がつくられたにもかかわらず、公地公民の理念をつらぬくことができなくなり、逃亡農民や口分田の荒廃、墾田の私有化と貧富の差の増大など、次の時代への歯車がまわりはじめている。こうした原因をまねいた要因に、持統女帝の我が子草壁皇子への愛着から、大津皇子を亡きものとし、幼帝文武（一五歳）を補佐するために元明女帝を、また八歳の聖武の成長を頼みに、元正女帝と光明皇后によって、持統系の宮廷を守ろうというマイナス思考が、藤原不比等ら一族に依存した側近政治の道をひらくことになったといえるのではなかろうか。

しかし、いずれにしても藤原京から平城京、難波宮や恭仁京、そして紫香楽宮の造営などが国家財政の大きな負担となり、さらに大仏造立・国分寺・国分尼寺の建立へとその浪費はとどまるところを知らなかった。こうした民政への過酷な負担が、公地公民による班田収授の均衡を破綻させるに至ったことは歴史の明示するところである。孝謙女帝が称徳と名称をかえて、法王道鏡との二頭だての共治体制をとって六年、皇統のあやうい危機にさしかかった七七〇年、女帝がにわかに病にたおれ死去（五三歳）した。そこでようやく、かつての議政官組織が政治体制の立て直しをはかり、法王道鏡を追放し、六二歳の白壁王が即位して光仁天皇となった。皇太子でもなく、高齢者でもある白壁王の即位はまったくの異例であった。議政官のメンバーが、もっとも無難な選択の道を取ったことは誰の目にも明らかである。しかし、天皇不在の期間を長引かせるわけにはいかなかった。いわば、天皇にふさわしい人物がでるまでの、中継ぎとして白壁王が選択されたといえるだろう。そして実際、桓武天皇の出現によって奈良時代はおわり、平安京の新王朝がはじまるのである。それと平行して、次章で平安時代の日本語の発展の状況をみてみることにしよう。

第六章　平安時代初期

一、現代日本語の芽生え

『万葉集』の編纂から『古今和歌集』の編纂がはじまる九〇五年まで、およそ一五〇年間、国文学の書物は編集されなかった。そして文学の主流は、和歌から漢詩文へと移っていった。たとえば、勅撰漢詩集の『凌雲集』（八一四年）・『文華秀麗集』（八一八年）・『経国集』（八二七年）などがあり、官人の教養は漢詩や経学などによって養われていた。そのために、この時代を国風文化の暗黒時代というふうに評価されている。だが、果たしてそうだろうか。

書き残された和文の書物がないということからすれば、そのように見られても仕方がないだろう。だが、その暗黒時代を経過して生まれた『古今和歌集』は、これまでの漢字で書かれた文章とは違って、〈ひらかな〉という日本語の文字で書かれている。漢字表記の文章から、とつぜん和文が生まれるということは考えられない。そこにはとうぜん、漢字を倭語に同化させて、上古から使われていた日本の古来のことばの表記へとつくりかえるという、目には見えない努力と歴史があったはずである。それがこの暗黒時代といわれる暗闇のなかで胚胎されたのでないだろうか。もっとも、その暗黒時代に先だって、記紀や万葉集には、一字一音の仮名で書かれた歌謡や和歌がある。また地名や人名など漢訳できないことばは、仮借という手法が早くから使われていた。これらの仮名はすべて和語ではあるが、それを漢字の音で書きあらわすことによって、これまで「話しことば」でしか使われなかった上代のことばが、「書きことば」として表記されるようになった。この漢字仮名は『万葉集』で多用されたため、〈万葉かな〉といわれている。だが、役所の公文書はその後も漢文（書記言語）が主流であった。それが奈良時代の中頃から、官人のあいだで、日常の備忘録とか消息文などに〈万葉かな〉を利用するようになったらしい。こうした文章はほとんど残されていないので、推定するほかないが、わずかに正倉院に残っている二通の文書のうち、「万葉仮名文書乙」天平宝字六年（七六二年）頃の消息文の一部を紹介すると、

和可夜之奈比乃可波利爾波於保末之末須美美奈美末知奈流奴乎宇気与止於止可都可佐乃比止《わかやしなひのかわりにはおほましますみみなみのはちなるやつこわうけよとおほとこがつかさのひと》伊布《いふ》……（後略）」

（大意・我が養ひの代りには、おほましますみみなみの町なる奴を受けよと、おほとこが司の人言ふ……後略）（山口明穂『日本語の変遷』より引用・文書甲となっているが乙の誤り）

これが万葉かなを用いて書かれた和文である。このほか「万葉仮名文書甲」があるが、わたしにはほとんど読めないので省略する。しかし、当時の官人たちにとっては、さほど難解な文章ではなかったのではなかろうか。なぜなら、かれらが日常使っている「話しことば」に、万葉仮名を振りあてたのであって、ことばそのものは今日の手紙文に相当するものである。もっとも、和語に漢字を使うとしても、ひとつの音節にいく通りもの漢字をあてるので、そのうちのどれを使うかを判断することはむずかしい。たとえば「あ」には「安」「阿」「悪」などがあり、「き」には乙類として「帰」「己」「紀」「記」「忌」「幾」「機」「基」「奇」「気」「貴」「既」「寄」「騎」「綺」「癸」、その他、訓仮名として「木」「城」「樹」があり、さらに甲類として一六種の漢字が使われている。他の仮名については省略するが、〈万葉かな〉の音韻によって区分された漢音は八七種類（古事記のみ八八種類）にたいして、それぞれの仮名に該当する漢字が使われている語数は、奈良時代には一〇八一字、平安時代初期には半減して四四五字が使われていると、山田孝雄《よしお》（一八七三―一九五八年）が調査して、『国語史　文字編』でふれている。時代がすすむにしたがって、万葉仮名の使用頻度はさらに減少していったことはたしかである。したがって『源氏物語』（一〇〇三～一〇一〇年?）が書かれた平安中期ころにはかなり減少しているはずである。だが、その当時書かれた原本はすべて失われているので、それをたしかめる方法はない。『源氏物語』にしても、二〇〇年後に藤原定家（一一六二～一二四一年）が書写したものが今日使われているので、当時、どの程度、万葉仮名を使って紫式部が物語を書いたかをたしかめることはできなくなっている。定家はかなり自分流に書き改めたといわれている。それは定家自身の独断というよりも、時代に即応して書写したのではないだろうか。略体化された万葉仮名は、平安後期の院政期（一一〇〇～一一九〇年）ころまではかなり使われていたということである。それが最終的に五十音図になったのは、明治三三年（一九〇〇年）の「小学校令施工規則」による標準語の制定によってである。その間、ほぼ千年の歳月をへているわけだが、これは日本語にかぎらず、言語の変遷はどこの国でも、その民族の歴史とともに変成していくものだといわれている。その点、現代日本語の出発点となった平安初期には、いったいどんなことがあったのか、興味のあるところである。

万葉仮名が音韻の違いによって使いわけられていることを発見したのは、明治時代になって、橋本進吉の調査研究によってである。上代の日本人の発音、といっても大和朝廷を中心とした飛鳥奈良地方の人たちのことばだが、その母音が、あ・い・う・え・お・の五個だけではなく、八個あったということである。これをアルファベットで書くと「a・i・u・e・o・ï・ë・ö」となる。öの発音はドイツ語のöに近い音だが、ïとëとの発音は現在の東北地方の人たちのイ・エの音に近いということである（『日本語をさかのぼる』大野晋による）。

この八個の母音を使った万葉かな〈上代特殊かなづかいという〉の一覧表を示すと次のようにな

る。

	キ	ヒ	ミ	ケ	ヘ	メ	コ	ソ	ト	ノ	ヨ	ロ	（モ）
甲類	ki	fi	mi	ke	fe	me	ko	so	to	no	yo	ro	mo
乙類	kï	fï	mï	kë	fë	më	kö	sö	tö	nö	yö	rö	mö

	ギ	ビ	ゲ	ベ	ゴ	ゾ	ド
甲類	gi	bi	ge	be	go	zo	do
乙類	gï	bï	gë	bë	gö	zö	dö

このような発音の違いによって、奈良時代には八七字（モは古事記のみ）の万葉仮名が使われていた。ところが平安時代になると、ï・ë・öはそれぞれi・e・oへと合流して、六七字になったということである（前書からの引用）。

その原因はいろいろ考えられるが、これといった定説はいまのところないようである。もともと万葉仮名は、漢文を日本語風に読む場合、訓読をおぎなうために考案されたものである。なぜなら中国語には、用言の語尾変化や助詞・助動詞がないから、それをおぎなわないことには日本語とならないからである。時代がすすむにしたがって、漢文を日本語の文法に近い方法で読むために、返り点とか、一・二・三や上・中・下などの符号をほどこす〈反読〉という方法が用いられるようになった。いつ頃のことかはっきりしないが、現在残っている資料としては平安時代の仏経書がある。おそらく読経のために考案されたのであろう。同様に、カタカナもまた経文を読むためのメモとして、仏教の学僧によって経典の行間に記入されたということである。

それにしても、奈良時代に八七字あった音韻が、平安中期には六七字になったのはなぜだろうか。大野晋の『万葉時代の音韻』によると、

「これらの変化は、まず子音に唇音を持つものから混同がはじまり、ついで舌音から口蓋音を持つものへとひろがっていったようである。そして最後は喉音を持つものが残っている」

ということである。発音体系としてはそういうことかも知れないが、実際にそれを発音してみるわけにはいかない。ただ「ï」「ë」の音韻は、今日でも東北地方の方言にはみられるということだから、日本人の発音のどこかには潜在的に万葉仮名の音韻が残っていたのであろう。「ö」については、日本語の発音からは消えている。

上代特殊かなづかいの甲類乙類の区別も、一時に消滅したのではなくて、長い時間のあいだに変

化していったようである。たとえば「モ」は古事記ではその区別がみられるが、日本書紀や万葉集ではなくなっている。また「ト」「ロ」「ノ」も、奈良時代の後半になると甲類乙類の混同がおこり、それは「ヨ」「ソ」にも波及していったといわれている。こうした現象について、大野晋は『日本語をさかのぼる』のなかで、次のように推定している。

「私はこれが日本人の顎の骨の後退という骨格の年代的変化と密接な関係があるだろうと考えている。日本の縄文式時代の人骨では、上歯と下歯とはぴったり咬み合わさっているが、弥生式時代以後、下顎がうしろに退き、相対的に上歯が前方に出る傾向がある。そして鎌倉時代の人骨、徳川時代の人骨と、時代がくだるにつれて、下顎が小さくなり、下後方にさがって行く。そして出歯や、そっ歯が多くなりつつある。これは元来、上唇の短い傾きのある日本人の上下の唇のあわせかたをしにくくする原因となる骨格的変化である」

かなり大ざっぱな推定だが、たしかに縄文時代の採種生活では、頑丈な咀嚼《そしゃくりょく》力のために、下顎が発達していただろう。それが、弥生時代の稲作によるやわらかい食生活によって、退行したこともうなずける。縄文時代後期から奈良時代まではおよそ二千年の時間がたっているので、骨格の変化も十分に考えられる。しかし、奈良時代から平安時代初期にかけての短期間（一五〇年）の変化は、もっと人為的な、政治的社会的変化によるものではないだろうか。そうでないと、よほどのことがないかぎり（たとえば植民地化）、こんな短期間にこうした音韻の変化が起こることはないはずである。考えられることは、その変化をうながすのに、もっとも大きな影響をあたえたと思われるものが、平城京から平安京への遷都である。

奈良時代に漢語で表記されるようになった日本語は、大和地方の氏族たちが使っていた方言である。おそらく、縄文時代から弥生時代にかけての日本列島のことば―北は津軽半島大平山元《おおだいやまもと》から、南は北九州井原鑓溝《いはらやりみぞ》までの遺跡からの推測―は、さまざまな音韻で語られていただろう。今日でも、東北地方や九州および全国各地の方言には独特な音韻が使われている。だが、古代のことばが現代につながるものかどうかを知る手がかりはほかにない。したがって日本語といえば、大和地方の方言のことであり、また記紀や万葉集に書き残されていることば―書記言語―が、今日わたしたちの知っている上古の日本語ということになる。当時の人々が話していたことば―話しことば―がそのまま伝わったわけではない。万葉集のなかでも、巻一五のように、無名の作者とか、一般の人たちの歌には、すでに甲類乙類の混乱がかなり頻繁にみられるということである（『日本語の歴史』四による）。したがって、庶民の生活に密着した日常語では、記紀などに使われた書記言語としての―上代特殊かなづかい―よりも、もっと平易な方言によることばが使われていたのではないだろうか。ということは、奈良時代には中国語に練達した一部の貴族や学者層と、日常語を簡便な漢字で表記する中・下級官人という、二通りの識字層があったと思われる。記紀や万葉集は、およそ庶民—日本人一般—とは関係のない特殊な言語であったと考えたほうが至当である。おそらく一般に通用する日本語は、簡便な漢字表記が使用され、それが律令制の普及とともに、各地区の役所—国衙《こくが》—へと広がっていったのではないだろうか。こうした時代のながれにしたがって、奈良時代後半には—上代特殊かなづかい—は半減していったものと思われる。それが促進されて、いろは六七文字となった原因のひとつに、平安遷都ということが考えられる。金田一京助はこのことばの変化を、大和地方(奈良)の方言から山城地方(京都)の方言への変遷、主としてアクセントによるものではないかと推定している。しかしこの方言説は、今日では否定されている。なぜなら、両地域はことばの質が違うほど遠隔の地でもないし、また年代的にみても、あまりに早急な変化であると思われるからである。

ところが、ここに注目しなければならない特殊な事情がある。それは山城地方一帯に定住している帰化人、秦氏一族の動向である。歴史を少しさかのぼってみると、『日本書紀』の欽明朝の項に、「五四〇年、秦人《はたびと》・漢人《あやびと》の戸籍をつくる」という記録があるが、そのなかで秦人の戸数が全部で七〇五三戸であったと書かれている。この戸数はわり引きしてみるとしても、一国の帰化人の密度としては異常に高い。それからさらに百年あまり後、唐・新羅に攻められた百済を救援するためにおもむいた大和朝廷は、六六三年、白村江《はくすきのえ》の戦いに大敗し、百済の王侯貴族らとともに逃げかえる。

このとき、百済の上流階級の知識人たちも大挙して渡来─約二〇〇〇人─し、かれらによってわが国の漢学の知識と学習が急速にたかまったといわれている。それは『懐風藻』(七五一年)に残されている近江朝の宮人たちの漢詩文からも推察されるところである。こうした対外との交流は、やがて『古事記』や『日本書紀』を編纂するに必要な、漢学への高度の知識人を育てることにもなったわけである。しかし、漢学の最大の成果は、文学一般よりもむろん律令の成文化であろう。それが大和朝廷の政治的基盤をきづいたことは歴史の実証するところである。ところが奈良時代の後半になると、その律令制を維持運営するのに必要な、財政を支える租庸調の税制が破綻をきたしている。徴税にたえかねた農民の逃散《ちょうさん》がそれである。そのうえに、前節でみたように、仏教による鎮護国家の政治的意図から、莫大な写経や、大仏造営、遷都、また各国への国分寺の設立などの出費がかさなったようである。しかも、たびかさなる女帝の即位によって、氏族間の政治的混乱が生じ、大和朝廷そのものが危機的状況にたちいたった。その混迷から抜けだすために、平城京からの脱出がはかられることになったというわけである。

こうした背景をふまえて、七八四年、桓武天皇は大和から山背《やましろ》国乙訓《おとくに》郡長岡村へと都を移した。遷都の理由はいろいろあるが、その一つに、乙訓《おとくに》郡の豪族として勢力をもつ秦氏一族の協力がえられたことが大きい。また、遷都造営の責任者、藤原小黒麻呂《おぐろまろ》と藤原種継《ふじわらたねつぐ》はいずれも秦氏と縁戚関係にあった。小黒麻呂と種継の妻は、ともに秦氏から嫁いでいる。桓武天皇もまた、母の高野新笠《たかののにいがさ》は百済からきた帰化人の子孫で、淀川をはさんで、長岡京の南岸には母新笠《にいがさ》の縁戚につながる百済王の一族が住んでいた。こうしてみると、桓武朝と秦氏一族とは密接な関係にあり、歴史的にはまったく触れられていないが、皇統が帰化人化したことは紛れもない事実である。それはしぜん、昔から朝廷と濃いつながりのある旧氏族たちの恨みを買うことにもなった。長岡京造営中、大伴一族によって種継は暗殺され、わずか十年で長岡京は廃止される。そしてこんどは、山背国《やましろ》葛野郡《かどのぐん》宇太《うた》村に新都平安京が造営されることになった。現在の京都である。そこもまた秦氏一族の強力な勢力圏内であり、長岡京のときよりもさらに多くの協力がえられることになった。たとえば、大内裏は秦河勝《はたかわかつ》の宅地跡に建てられたといわれており、新京の門や宅地の造成なども秦一族の手によって進められている。現在でも、京都市には太秦《うずまさ》という地名が残っていることからも、土着者としての秦氏の影響を推察することができるだろう。

こうした社会的な状況からみて、山城地方──山背から変名──のことばが、朝鮮半島から渡来した帰化人のアクセントによって変容していったことはしぜんなことである。それは単なる地方的な方言の差というよりも、より基本的な音韻の変化をともなう言語となっていった。たとえば、平安時代の音韻の特徴に《弱音節構造》というものがみられるが、これが山城方言の基調となっていたといわれている。どういうことかというと、日本語の特徴である子音+母音の発音のなかで、母音音節が弱音節化して、促音節《そくおんせつ》または撥音節《はつおんせつ》に転化して、母音がほとんど聞きとれないという現象である。

たとえば、

「今日、学校を休んだ」という、わたしたちにとってはなんでもないことばが、上古の日本人には発音できなかったということである。なぜなら「きョう」は拗音《ようおん》で、「がッこう」は促音《そくおん》で、㋵も㋡もともに口にこもって、発音としては聞きとれない。また「やすんだ」の㋰は、漢語の語尾がnでおわる音が上古の人にはなかなか発音できなかったが、奈良から平安時代にかけて漢語がどんどん入ってくるようになって、ようやく発音できるようになった音ということである。こうした変化を音便という（『漢字と日本人』高島俊男より）。

こうした音便は平安中期になると、日本語として数多く表記されるようになる。ほんの一例をあげると、「つきたち」→「ついたち」〈朔日〉となり、「をみな」→「をんな」〈女〉となり、「書きて」→「書いて」となり、「・・あり」→「・・あって」となり、「悲しきかな」→「悲しいかな」となり、「美しき」→「美しう」となり、「ていき」→「てんき」〈天気〉となり、「持ちて」→「持って」とチが退化して促音となり、「ふみひと」〈文人〉→「ふむびと」から「ふびと」〈史〉となり、「めいぼく」→「めんぼく」〈面目〉となるなど……。

こうした言語上の一大転換は、これまでの日本語にはみられなかった変化である。おそらく帰化人の一種の〈なまり〉、つまりアクセントの強弱によって生まれたものではないだろうか。もともと中古漢語―唐代のころの漢語―の声調―平声・上声・去声・入声―は日本人にはまねができなかったが、帰化人の一世は四声を使いわけていたようである。つまり二重言語世代である。それが何世代か経つうちに、方言と同化して、現在わたしたちが使っている日本語になったのではないだろうか。漢語の単語はすべて一語一音節だが、日本語の音節は母音でおわる開音節構造―子音＋母音―になっているので、漢語を日本語風によむと漢字の読みが二音韻になってしまう。したがって、かなりもたもたした、不器用な発音になってしまうだろう。それが奈良時代のおわりから平安初期にかけて、子音＋母音の音節構造が変わって、母音でおわらない音節が生まれ、母音を発音しない《弱音節構造》の音韻となり、山城地方の方言が平安時代の日本語として定着したのではないだろうか。もともと「話しことば」のなかではじまった―上代特殊かなづかい―の崩壊は、山城地方の方言によって、そのまま音便の発生をうながすことにもなったと考えられる。こうした変化は、いずれも現代日本語に通じる画期的なものであり、時代の推移によって、今日のような簡便な日本語となっていったのであろう。それがこの国風文化の暗黒時代といわれる平安時代初期に芽生えたということは、平城京から平安京に移住した中・下級官人たちの識字層が山城地方の方言を文字化したからではないだろうか。上級の官人や貴族が書く公文書は、やはり奈良時代とかわりなく、純然たる漢文で書かれているが、日常的な会話や消息文は山城地方の「話しことば」で書かれていたと思われる。もっとも、それを実証する具体的な資料は残されていないが、たとえば『古今和歌集』にはじまり、『伊勢物語』『土佐日記』など、平安中期からはじまる仮名文学のはなばなしい登場は、当然その前代の空白の時期にはぐくまれていたといわざるをえないだろう。

ここで簡単に、日本語の源流をたどってみると、縄文人のことばが弥生人のことばへと受けつがれ、それが奈良地方を中心とする弥生方言となり、大和朝廷の律令体制とともに全国にひろがり、やがて全国共通の日本語として定着したのであろう。紀元前三世紀から集落の発達がみられる奈良地方が、どの程度縄文人のことばを受けついだものか疑がわしい点もあるが、それが日本語独自の文法と語彙を踏襲しているところをみると、やはり同一種族として連続していたと考えられる。ただ、紀元三世紀以後、朝鮮諸国をとおして中国のことばが移入されるようになって、上古の日本語が急速に変容していったことはたしかである。そのもっとも大きな変化は中国語の音韻による変容である。その変化は、おそらく話しことばとして日常的な生活の場で使われていたと思われるが、日本語の歴史を語るときにはまったく手がかりがつかめない。したがって、わたしたちが知っている上古の日本語は、書記表記によって語られてきた変則日本語である。言語は書き残された資料によって知るほかない以上、それはやむをえないことである。しかし、庶民レベルでの漢音の影響という点からすれば、〈話しことば〉の変遷ということのほうが遥かに大きかったにちがいない。山城地方の方言の影響というのは、たまたまそれが時代とかさなっているからであって、七〇年あまりの平城京文化によってつちかわれたことばが、一挙に（上代特殊かなづかい）から六七文字の仮名へと変化したわけではないはずである。むしろ、記紀や万葉集に表記されている日本語が特殊であって、それはシナ語に熟練した少数の識字層によって残された漢訳日本語というほうが実情にちかいのではなかろうか。たとえば、太安万侶が『古事記』を書くとき参考にした漢文は、シッタン語—梵語《ぼんご》の字母—の経文が漢語に翻訳されているその手法から学んだといわれている。また、『万葉集』には「東歌《あずまうた》」や「防人《さきもり》」の歌に、方言としての音韻の変化がみられるが、それらから推察しても、庶民の「話しことば」は、わたしたちが記紀や万葉集から学ぶ日本語とはかなり違っていたようである。ただ、その痕跡をたどることは今日では不可能というほかない。ところが、その庶民の「話しことば」が文字化という具体性をえて、わたしたちのまえに形をあらわしたのが、平安時代の初期から中期にかけて開発された（ひらがな）によって書かれた文学である。日本語の歴史のうえで、こうした一大変遷がおこったのは、明治時代の文語文から口語文へと転換した日本語にもみられるが、その原因は西洋文化による外国語の流入という因果関係が指摘できる。では、平安初期の変化はいったいどういう原因によるものなのだろうか。シナ語による変化というにはあまりに急激すぎるし、また漢文とかな文とは本質的に違った要素をもっているといわれるからふしぎである。

二、律令制の変革と官人たち

音韻の変化は奈良時代というよりも、もっと以前からはじまっていたのかもしれない。たとえば、大野晋のいうように下顎の退化から、まず唇音がおとろえ、ついで舌音から口蓋音へとひろがっていったというようにである。しかし、それは表記されていないからたしかめる手だてはない。ただ、中国大陸との交流がはじまり、漢音の影響をうけたという外的要因はたしかにあっただろう。それは奈良時代に、「書きことば」によって記録されたことから、今日わたしたちが推定することができるようになった。だが、それはあくまで漢訳日本語であって、日本人がむかしから使っていた古代語、つまり「話しことば」はいぜんとして未知のままである。それが、やっと形としてあらわれはじめたのが平安時代初期である。いわば日本語の揺籃期、萌芽の時代といえるだろう。それを特徴づけるものとして、「特殊かなづかい」の崩壊と「音便」の発生がある。その原因のひとつに、帰化人を中心とした（山城方言）の影響があるのではないかということをこれまで見てきたわけだが、あるいは山城方言以前に日本語の基底としてあったものが、平安京の遷都とともに顕在化したということも考えられる。ただ、それを「書きことば」として実際に文字化したのは、上層識字層ではなく、平安期の下級官人たちではなかったろうか。なぜそうした推理をたどるかというと、識字層といえば貴族と官人たちしかいないなかで、庶民とふれあい、かれらにも通用する言語といえば、「話しことば」を略体化した漢字を使うほかないだろう。したがって、それは必要と需要におうじて、下級官人たちが使いはじめたのではないだろうか。こうした推定をするのは、かつて明治初期に、旧来からの訓読漢文の日本語を、庶民にも通用する文章に書きかえた人たちが、諸藩の下級武士たちだったからである。

平安初期には、むろん近代化をうながす洋学のような強力な助人《すけっと》はいなかった。むしろ、唐風化した漢詩文が主流であったことは最初にも述べたとおりである。ただ、桓武天皇は律令制による政治体制をたてなおすために、行政機構の大幅な改変をこころみている。たとえば員外官といって、給料を支給するためだけに設けられたポストはすべて廃止しているし、また中務省・大蔵省・宮内省などの重複する部門も統廃合（七八一年）されている。もっとも太政官《だいじょうかん》――今日の政府機関――の定員自体はさほど減少していないということで、その経費や人件費はいぜんとして太政官の大きな負担であった。それはしぜん下級官人への給与の削減という結果をまねいたが、当然かれらの生き方にも変更をよぎなくさせることになった。

もともと官人の給与は、諸国から徴収される調庸の租税でまかなわれていた。その徴税はいったん大蔵省の正倉院や民部省にあつめられて、それを配分するという仕組みになっていた。だが、中国の制度をまねて作った籍帳《せきちょう》制度――戸籍と計帳――によって課税していた方法には無理があり、奈良時代から平安時代にかけての何世代もの戸籍の書きかえのうちに、架空の帳簿がつくられ、実体とはかけはなれたものとなっていった。そのために戸籍にはない死人が口分田を耕作するとか、貧農の口分田を集めて大規模な請負耕作をする富豪浪人などがあらわれた。こうしたことから徴税のシステムがいきづまり、従来のように諸国の調庸を中央の大蔵省などに集めることはむずかしくなった。そこで太政官《だいじょうかん》のとった措置は、各官司（官庁）ごとに地方財源をそれぞれの国に割りあてて、官司がそこから直接、自分で税を徴収して、財政の運営にあたるという方法をとった。たとえば、八七九年、畿内の諸国の田んぼ四千町歩を官田として太政官が指定し、その収益を官人の給与にあてるというような処置がとられている。だが、日ならずして、官田は各官司の所領として分割され、それを小作にだして経営し、その収益を所属の官職の給与および季禄にあてている。つまり、各官司は独自の財源を確保して、独立採算制の財政運営をしいられたということである。それがかならずしも円滑に運営されたとはいえないようである。

一〇世紀のはじめ、三善清行の「意見封事十二箇条」（九一四年）のなかに、

「公卿や出納にかかわっている官司の官人には、規定通り季禄が支給されているが、それ以外の官司では五、六年間に一度も支給されていない」

と指摘している。

では、季禄のもらえない官人たちはどうしていたのだろうか。たとえば、『古今和歌集』の撰修（九〇五年）にたずさわった紀貫之は、二〇巻の撰集をおえたあと、詔勅の起草にたずさわる少内

記となった（九一〇年）が、位階は低いままで、季録の配分はなかった。ではどうしたかというと、延喜六年（九〇六年）越前の権少掾《ごんのしょうじょう》に任ぜられ、そこから俸給をえていたらしい。むろん『古今集』の編集中であり、また御書所預という職もそのままだから、遙任《ようにん》―任国にはいかない―ということであったのだろう。つまり、俸給のもらえる役所への名目上の兼任である。もっとも、翌年には宮内省の典膳《てんぜん》―天皇の食事を調進する役―に任ぜられているので、どれが本当の役かわからない。その間も古今集の編纂は続けていたようである。いずれにしても、直接納税にかかわらない書記局の官人は俸給もままならず、経済的に苦労していたのではなかろうか。貫之の場合は、得意の書と新進の歌人として、宮廷や貴族の屏風歌の要望にこたえて、数々の作品を屏風に書いたという記録が残っている。今日それらの作品は一点も残っていないが、そのアルバイトが不遇なかれの生活を支えていたのではなかろうか。かれが土佐守に任じられたのは、それから二〇年後の九三〇年、五八歳のときである。亡くなったときは従五位上ということで、かろうじて叙爵の地位にまで至っている。かれの業績からすればかなり冷遇されていたように思われる。むろん貫之は下級官人とはいえないだろう。かといって、五位以上の位禄・季録が支給される上位官人でもない。いわば書記局の弁官《べんかん》もしくは史生《ししょう》である。かれらがどういう仕事をしていたかというと、在京諸官司や諸国からの陳情をうけると、それを中文《もうしぶみ》という申請書に仕立てて、外記《げき》庁―太政官候庁《こうちょう》つまり政府事務局―におくり、そこで参議や上卿の決済をうけるというのが主な仕事であった。むろんこうした政務ば

かりではなく、日常的な案件についても関与している。一例をあげると、

「宮内省申さく、薬司《くすし》の申せる、乳牛《ちうし》七つが此の月の真草《まうさ》の分の米豆《よねまめ》物、別《こと》に四坂、例《あと》に依りて給《たまわ》らむと申しつ」（『朝野群載』の外記庁申文の例・『日本の歴史』六巻より）

これは乳牛の飼料についての申請書で、審査の必要のない恒例の文書である。これは史生《ししょう》が書いて提出した形式的なものだということである。ただ、注目する必要があることは、「……給《たまわ》らむと申しつ」という文章から、これは薬司《くすし》が口頭で申しでたことをそのまま文章に残して、審査にはまわさなかったものとおもわれる。実は、ほとんどの申文《もうしふみ》は口頭で申しのべたことが決済され、文書で残されるものは上卿の審議にかかわるものに限られていた。それは奈良時代からの古いならわしで、紙が貴重品であったということと、漢字の筆記には識字の能力と手間がかかるということから、外記庁では「書記言語」よりも「口頭言語」で申請したものを、口頭のまま重複して審査にまわすことが通例だったようである。上代の政治の仕組みはそれでじゅうぶん機能していた。

なぜここで、この問題をとりあげたかというと、申請者が「話しことば」で陳情するのを、弁官または史生が「書きことば」で記録するとき、漢字で書いていては間にあわないから、しぜん略体化され、しかも筆で書くわけだから漢字はいつか草仮名に近いものとなったからではないだろうか。

ただ、現在残っているものは、八六七年ころの『藤原有年申文《もうしぶみ》』（東京国立博物館所蔵）だけで、平仮名使用の早いころの実例としてしばしば引用されている。だが、仮名づかいとしては初歩的で、平仮名かどうかさえわからないほど、かなりずさんな略体漢字である。それよりも、実際はもっと早い時期、九世紀の前半ころから、平仮名の実用性と需要にともない、書記官人たちによってさまざまに書き慣らされていたと思われる。かれらの日常生活は「話しことば」が通常で、漢文は役所の仕事のために使用されるだけで、いわば二重言語生活者であった。したがって、生活の実態から、しぜん本来の日本語に近づいていった現実が平仮名の使用であったといえるだろう。

いまひとつ、平仮名の発生に重要な役割をはたしたのは貴族の女性たちである。平仮名に女手《おんなで》という呼び名がついているように、漢学をまなぶことをきびしく制限されていた彼女たちが、ひそかに身につけたのは漢字の略体化もしくは草体化から生まれた平仮名である。当然のことながら、生活の場で彼女らが使っていることばは〈やまと言葉〉、つまり日本語である。それを表記する手だてがないということは、人間性を圧殺されたにもひとしい。それは女性にかぎらず、婚姻において、男性は想いを通じる手だてを欠き、相互に契《ちぎ》ることができなくなる。もっとも、表記を知らない庶民にとっては、歌垣とか、袖を振るとか、夜ばいとか、いろいろな手段があったらしいが、表記言語を使う上流社会では和歌がもっとも一般的な男女交際の手段であった。女性の場合、その大切な役割をはたす漢字が、書けない、読めないということになると、社会的な不満はいっきに高まったであろうことは容易に想像できる。たとえば、『紫式部日記』によると、「一」という字さえも漢字で書くことをはばかったという一文がある。彼女は平安中期の女性であるにもかかわらず、こうした社会的風潮があったことを考えると、平安初期に仮名文字を使った女性たちはよほどの勇気があったのだろう。むろん一般の女性ではなくて、貴族または院宮家の一族とか、天皇に庇護された後宮の女性たちである。

そのもっとも早い記録は「仁和《にんな》中将の御息所《みやすどころ》歌合《うたあわせ》」（八八五年）で、現存しないが、そのとき詠んだ歌が『古今集』に二つ載っている。仁和《にんな》は光孝天皇の時代で、御息所《みやすどころ》は天皇の女御《にょご》である。

次に有名なのは「寛平御時后宮歌合」（八九三年）で、宇多天皇の母、班子《なかこ》女王主催の歌合である。百番二百首の大規模なもので、宮廷行事として行われたというよりも、秀歌を選抜するために各人に呼びかけて歌を集めたのではないかといわれている（『平安朝歌合大成』萩谷朴）。

八九六年には、「后宮胤子《たねこ》歌合」で多数の歌があつめられた。胤子《たねこ》（醍醐天皇の母）は宇多天皇に寵愛された女御で、その後宮でも多くの女性が和歌を学んでいる。

八九八年、「亭子院女郎花合《ていじいんおみなえしあわせ》」または「朱雀院女郎花合《おみなえしあわせ》」では、宇多上皇と后温子《よしこ》——基経の娘——が歌席の左右の頭に分かれて、歌の優劣を競うという歌合の記録があり、『古今集』編纂の基礎資料ともなった重要な歌会である。亭子院は温子《よしこ》の屋敷のことで、退位した宇多上皇はしばらくこの屋敷にいたのでこの名があるが、歌合があったのは上皇の住居である朱雀院に移ってからであり、そのために二通りの呼び名がつけられている。

こうした後宮の歌合《うたあわせ》の会で、新進の和歌を創作して認められていた紀貫之は、和歌によって平仮名を使いなれていたのではないだろうか。でなければ、かれが『古今和歌集』（九〇五年）の序文に平仮名を使うという先進的な発達段階には至らなかっただろう。ただ、それを証する資料がないために、この時代を国風文化の暗黒時代というふうにいわれている。だが、中文でも見たように、ほとんどの用件は口頭ですまされ、資料として残されているものはすべて漢文で書かれたものである。もっとも、それは太政官の文書類の一部にすぎず、当時の世相は「話しことば」が主体であり、庶民にとって、それでなんら不自由はなかったはずである。もっとも『源氏物語』（夕顔の巻）のなかでは、庶民のことばは単なる騒音か、鳥のさえずりのようで、まったく意味不明のことばのように書かれている。清少納言になると、『枕草子』に、乞食女のことばを聞きわけている場面があるから、まんざら理解できない方言というわけではあるまい。しかし、いずれにしても、山城方言が大勢をしめ、しだいに上層階級にまで浸透していったものと推定される。でなければ、平安中期に、「いろは四七文字」も「ひらがな文学」も生まれるはずがない。したがって、言葉の変革は社会生活の変化によって世間一般が受け入れることのできる下地と協調がなければ始まらないからである。

三、和文脈の成立

仮名はだれがつくり、いつ頃、なにに使われるようになったかはまったく分からない。ただ、仮名で書かれた文章としては『古今和歌集』（九〇五年）が今日伝えられている最初の書物である。これは醍醐天皇（在位八九七〜九三〇年）のとき、勅撰和歌集として編纂され、以後、仮名文学の嚆矢《こうし》としての唯一の資料である。その序文によると、編纂にたずさわった人は、大内記《だいないき》・紀友則《きのとものり》、御書所預《ごしょのところのあずかり》・紀貫之、前甲斐少目《さきのかいのせうくわん》・凡河内躬恒《おほしかふちのみつね》、右衛門府生《うえもんふさう》・壬生忠岑《みぶのただみね》らである。ここで特異とおもわれることは、かれらの身分がいかにも低いことである。紀友則の位がもっとも高く正六位であった。貫之は御書所預の二等官ということで、位階ははっきりしないが、凡河内躬恒《おほしかふちのみつね》が八位で、貫之がもっとも親しくしていた間柄ということだから、ほぼそのあたりの位階ではなかったろうか。壬生忠岑も八位である。勅撰といえば、朝廷でも重要な行事のはずである。記紀をみても、その編者は最高の位の皇族や貴族がその任に当たっている。万葉集は勅撰ではないが、やはり高位の大伴家持が編集している。それらと比べて、『古今和歌集』の選者はあまりに見劣りがするのではなかろうか。だいいち、どうやって天皇に近づくことができたのだろうか。おそらく紀友則が大内記という役柄から、左大臣藤原時平を通して天皇家に出入りしていたのであろう。一説には、宇多天皇の親任があつい菅原道真が『新撰万葉集』を撰進するとき、友則の和歌を評価し、天皇に取りもったのではないかともいわれている。紀友則は貫之とは従兄弟どうしだが、歳は二〇あまりも違っている。おだやかな人柄だったようで、世渡りは下手で、左大臣の藤原時平が、「今までになどかは花の咲かずして……」とふしぎがったという話が『後撰集』に載っているということである（『紀貫之』目崎徳衛による）。しかし歌は万人のみとめるところで、『古今集』勅撰の企画をまかされたのは、おそらく時平の推薦によるものであろう。その友則の意向によって、貫之が選者に選ばれ、かれの無二の親友である躬恒を推薦して選者の仲間に加えたという経緯が推定される。もうひとりの選者、壬生忠岑になると、多少事情がちがっている。かれは藤原定国（蔵人頭）の従者である。卑しい身分ながら、すぐれた歌をつくることを、主人をつうじて殿上人たちに早くから認められていた。ことに宇多天皇に寵愛されていた女御胤子《にょごたねこ》の弟である定国によって、宇多法皇の歌合の会につらなり、多くの歌を残している。その点、貫之よりも早く名を知られていたようである。

ともかく、こうした無名の人たちによって勅撰和歌集が撰上されたということは希有のことである。その原因は二つ考えられる。一つは、朝廷における漢詩文の流行と比較して、和歌は一段と学問の知識がおとるものの教養というふうに見られていたことである。唐風の流行は単に漢詩文だけではなく、国の名を二文字にするとか、名字を中国風に三文字し、唐衣《からごろも》をつけるとか、その熱狂ぶりは明治維新の鹿鳴館時代を思わせるほどであったといわれている。それは、嵯峨天皇（八一〇年）

から文徳天皇（八五八年）までのほぼ五〇年間あまりのことである。

ところがここでひとつの異変がおこる。文徳天皇の亡きあと、九歳の清和天皇が位につくという変則的なことになった。第一皇子は一五歳の惟喬《これたか》親王で、天皇の意向は惟喬親王―母は紀静子―を皇位につけたいようであったが、太政大臣藤原良房の強引な政治力によって、良房の娘明子《あきらけいこ》の生んだ惟仁《これひと》親王（九歳）が即位することになった。あきらかに統治能力のない幼帝を天皇にすることによって、それを補佐するために「摂政」という天皇の権能を代行する新たな役職が生まれた。つづいて、次の陽成天皇もまた九歳で即位している。摂政は良房のあとをついだ基経である。ところが、この天皇は凶暴な性格で、乳母の子をなぐり殺したという噂があり、また、小動物をいたずらに殺すというようなこともあって、取り巻きの連中をはらはらさせる所業が多かった。天皇の母は基経の兄の娘高子《たかいこ》といい、陽成は基経の甥にあたるが、基経は嫌気がさして、元慶八年（八八四年）天皇を譲位させている。そして仁明天皇の子で、五五歳の時康《ときやす》親王を即位させた。光孝《こうこう》天皇である。親王は本来、天皇の地位に着くつもりもなく、生活も質素で、態度は毅然として長者の風格があったという。それにくらべて、皇位継承の人選をすすめている時の権力者基経にこびる王親家の連中は軽薄におもえたのであろう。基経は時康親王を宮中に招きいれ、先帝から賜った剣をといて丸腰でむかえ、新帝から新しい剣をたまわって、臣従の意をあらわした。基経の演技である。これをみて、上卿をはじめすべての殿上人がこれを見習ったという。

この藤原北家と縁戚関係のない天皇の時代になって、国風文化の胎動がにわかに活発となった。この政治的動向が仮名文学をうむ第二の要因である。それはなぜか。

『古事談《こじだん》』(鎌倉時代前期の説話集)によると、時康親王は町人からの借財が多く、天皇になると、かれらが内裏におしかけたという話を伝えている。また、妻の班子《なかこ》女王(桓武天皇の孫)が市場に出て買い物をしていたという、当時としては考えられないような話もある。むろん事実かどうかはわからないが、次代の宇多天皇の女御《にょご》の祖母が西市正《にしのいちのかみ》(市場役人)の娘であったことは事実で、親子二代にわたって、庶民とのかかわりが深かったことはたしかである(『平安王朝』保立道久による)。こうしたことは、皇道を確立した天武朝以来かつてないことであった。こうした気風が朝廷の内部に芽生えたことは、国風文化、とくに和歌をとおして、漢字音から草体仮名文字への育成へとつながっていったものと考えられる。

いまひとつ、時康親王(のちの光孝天皇)とは直接のかかわりあいはないが、文徳天皇の第一皇子、惟喬《これたか》親王は風流をこころえた聡明な方で、在原業平《ありわらのなりひら》とも親しく、『伊勢物語』では、しばしば酒をくみかわしながら和歌をよむグループとの交流がかたられている。かれらはいわば藤原家勢力から身をかわした隠遁者であった。実際、惟喬親王は貞観一四年(八七二年)、二八歳の若さで突然出家し、洛北の地、小野に隠棲し、風雅なくらしを選んでいる。むろんそれは表向きの意向で、親王は、藤原良房にとって、自分が弟清和天皇の皇位をおびやかす目障りな立場にあることを熟知していたから、出家は親王の賢明な逃避であった。良房はそのとき重病で、親王追放の手段をとるおそれがあったかもしれないが、まもなく亡くなっている。はからずも、親王と紀氏および在原業平らをとりまく文学的風潮が、こうした政治的隠遁のなかから生まれてきたことは注目すべきことである。文学史のうえでは、こうしたことはまったく取り上げられていないが、『古今和歌集』の第二期にあたる六歌仙に登場する歌人たちは、こうした弱者のグループから生まれたものと思われる。その中から二人の歌人を紹介してみよう。

在原業平朝臣の歌

月やあらぬ春や昔の春ならぬわが身ひとつはもとの身にして

(月は去年の月ではないのか、春は去年の春ではないのか。あの人が去ってしまって、すべてが変わってしまったのに、わたしの心は去年のまま、あの人を恋い慕っている)

この歌は古今集の序文にも取り上げられ、「その心余りて、詞たらず。しぼめる花の色もなくて匂ひのこれるがごとし」と、紀貫之から批評されているが、鎌倉初期には古今集の代表作の一つとなっている秀歌である。それというのも、その詞書《ことばがき》とあわせて詠むと、この歌の情感がいちだんとすぐれていることがわかる。詞書《ことばがき》は次のとおりである。

【五条の后（仁明天皇妃）の宮の西の対《つい》に住みける人に、本意にはあらでもの言ひわたりけるを、睦月の十日あまりになむ、他所へ隠れにける。在り所は聞きけれど、えものも言はで、又の年の春、梅の花盛りに、月の面白かりける夜、去年を恋ひて、かの西の対に行きて、月の傾くまで、あばらなる板敷に伏せりて、よめる】

〔大意を述べると、五条の后・藤原順子《じゅんし》は太政大臣冬嗣の娘で、文徳天皇の母でもある。その屋敷の西の建物に住む人とは、順子の姪で、関白基経の妹・高子《たかいこ》（一八歳）である。のちに清和天皇の后となり、陽成天皇の母となる女性である。――本意にはあらで――というのは、共住みを願いながら、かなえられないので、ひそかに通っていたところ、陰暦一月の十日すぎころ、よそへ隠れてしまった。住所は聞いているが、意を通ずることができず、そのまま逢うこともできなくなってしまった。翌年の春、梅の花盛りのころ、月の美しい夜、去年のことを懐かしみ、恋しくおもって、あの西の対に行って、月が西に沈むまで、開け放たれた板敷きに臥せって、詠んだ歌ということである〕

それにしても、ずいぶん思い切った行動である。高子は、基経にとっては大事な玉手箱である。彼女を惟仁親王（清和天皇）に嫁がせることによって、藤原北家の権威をいっそう強固なものとする意図であった。それを業平によって横取りされそうになったわけだから、本来なら無事ですむ通い婚ではないはずである。ところが、業平のひととなりか、あるいは基経の配慮か、いずれにしても、高子をそっと隠して、身を引かせたことは賢明であった。それはまんまと成功し、入内《じゅだい》（八六六年）して、陽成天皇までもうけることができ、基経はそのまま関白の地位をたもつことができたからである。『古今集』に在原業平朝臣のこの恋歌がなかったら、おそらくこの恋が知られることはなかっただろう。もっとも、〈西の対に住みける人〉を藤原高子と推定するのは、のちの説で、当時としてはただ高貴な女性であろうというにすぎない。

いまひとつ、業平ならではありえないようなエピソードを紹介しよう。詞書きによると、

〈業平朝臣の、伊勢の国にまかりたりける時、斎宮なりける人に、いとみそかに逢ひて、またの朝に、人や遣るすべなくて思ひをりける間に、女のもとより遣《よこ》せたりける〉

よみ人しらず

「君や来し我や行きけむ思ほえず夢かうつゝか寝てかさめてか」

（大意、あなたがいらっしゃったのでしょうか、わたしが参ったのでしょうか。わたしには分かりません。あれは夢だったのでしょうか、ほんとにあったことだったのでしょうか。あるいは昨夜のことなのでしょうか、今朝のことなのでしょうか）

斎宮は伊勢神社に奉仕する未婚の内親王か皇女である。業平はその神聖な女性に〈いとみそかに

逢い〉、一夜のちぎりをむすんだ罪ぶかい翌朝、後朝《きぬぎぬ》の文を遣《つか》わすすべもなく、思い悩んでいるとき、女のもとから送られてきた歌である。なんとも素晴らしい歌を贈られた主人公であり、さすがに放縦な遊行詩人として、後世に名をのこす業平ならではという感銘をおぼえる。これは後に紫式部によって『源氏物語』の主題となる藤壺更衣と光源氏との密通に援用されたのではないかといわれている。

いまひとり、この時代を代表する大切な女性がいる。小野小町《おののこまち》である。なぜ大切かというと、平安中期にかけて日本の最高の文学をうみだした女流文学のはしりだからである。だが、その生育や老後についてはほとんど不明である。ただ、和歌の作品から、八五〇年から八〇年ころに活躍した人ではないかとおもわれる。古今集の序文によると、むかしの衣通姫《そとおりひめ》―記紀による―のように絶世の美人であったろうといわれ、歌は情緒ふかいが、よわよわしく、病身で高貴な女性のたおやかな風情ににると評されている。年表などから推定すると、小野篁《たかむら》の子・良真の娘ではないかいう説もある。そして仁明天皇の更衣《こうい》ともいわれている。いずれにしても、多くの歌がのこっているところをみると、後宮にあって、高貴の人たちとの交流があった女性と思われる。歌をみてみよう。

秋の夜も名のみなりけり逢ふといへば事ぞともなく明けぬるものを

〈秋の夜ながといわれていますが、名だけのことですね。やっと逢えたのに、心の想いを言いつくす

間もなく明けてしまいましたもの)

現《うつゝ》にはさもこそあらめ夢にさへ人目を守《も》ると見るがわびしさ
(うつゝの世間では人目を忍んでお出でになれないこともあるでしょうが、夢のなかでさえ人目を気にしていらっしゃるのをみると、悲しくなります)

かぎりなき思ひのまゝに夜もこむ夢路をさへに人はとがめじ
(かぎりない恋しさの想いにまかせて夜にでも参りましょう。夢路をたどることにまでは、誰もとがめだてはしないでしょうから)

うたゝ寝に恋しき人を見てしより夢てふものは頼みそめてき
(うたゝ寝の夢で、恋しい人にお会いしてからというもの、夢でもいいからまたお会いしたいと、はかない望みをもつようになりました)

ゆめぢには足もやすめず通へども現《うつゝ》にひとめ見しごとはあらず
(夢のなかでは足の疲れもいとわず毎日通いましたが、実際にひとめお逢いした喜びにはとても及びません)

☆絶世の美女といわれるわりには、片思いの歌が多いようである。後宮でどのような生活をしていたのかはわからないが、後宮の陰湿な争いにさまたげられたのか、恋いの相手とは夢のなかでしか逢えないつらさを哀切に訴える歌が多い。そこには無力な小野家を背景にもつ美貌な更衣の複雑な心情がうかがわれ、のちの『源氏物語』の桐壺更衣（源氏の生母）の悲劇に通ずるものがあるように感じられる。ともかく、かの女は、晩年は孤独なわびしい生活をおくったらしく、そのせいか、全国いたるところに小野小町の墓があるのもあわれである。そうしたかの女のかげりのみえる歌をみてみよう。

花の色はうつりにけりないたづらにわが身世にふるながめせしまに
（花の色はいつの間にか色あせてしまいますけど、わたしがぼんやりと世のなり行きを眺めているうちに、わたしもまた色香がおとろえてしまいました）

色見えてうつろふものは世の中の人の心の花にぞありける
（花の色はみた目にも変わるのがわかるものですが、目には見えないけれど、世のなかの人の心も花のように変わっていくものなのですね）

今はとてわが身時雨《しぐれ》にふりぬれば言の葉さへに移ろひにけり

(今はもう、秋のしぐれにあった草木のようにわたしも容色がおとろえて、哀しみにくれていますのに、あなたのお言葉までも冷たく変わってしまいましたのね)

わびぬれば身をうき草の根をたえて誘ふ水あらば去《い》なむとぞ思ふ

(詞書・文屋康秀―六歌仙のひとり―が、三河掾になり、任国を見にいくので、一緒にいきませんかという誘いにたいする返事の歌ということである。文屋が三河掾になったのが八七五年ということなので、この歌から小野小町のだいたいの年齢を推定できる)

(歌の大意・わびしく暮らしていますので、だれに気兼ねすることもなく、浮き草のように、誘う水があれば、そちらの方について行きたいと思っています)

あわれてふ言《こと》こそうたて世の中を思ひはなれぬほだしなりけれ

(あわれという情感こそいとわしいもので、わたしが世を捨てきれないのも、その情にほだされるからなのです)

四、紀貫之

アウトサイダーの六歌仙たちによって培われた文学的風潮が、やがて朝廷の主流となるときがおとずれた。藤原北家と直接の縁戚関係がない光孝天皇の即位である。基経の英断だが、一時の緊急避難という意図もあったのではなかろうか。清和天皇には、陽成のほかに、貞保《さだやす》親王（一一歳）や、基経の孫貞辰《さだとき》親王（七歳）など、有力な皇子がたくさんいたが、わずか一七歳の陽成天皇を廃位させて、さらに幼年の天皇を即位させることは、いくら摂政の立場にある基経としてもはばかられる情勢であったのだろう。また光孝天皇も、そうした事情を承知のうえで、即位の二ヶ月後には子息全員を臣籍に降下させて、王位継承の意思がないことを明らかにしている。ところが、思わぬところからこの計画は頓挫した。光孝天皇が三年半の在位で病気が重くなり、きゅうきょ臣籍に降下していた源定省《さだみ》を親王に復帰させ、光孝の死去とともに、定省が即位することになった。宇多天皇（二一歳）である。すべては基経の方針にしたがったものである。ところが、ここにもまたひとつの障碍があった。定省はすでに結婚して、斉中《ときなか》・斉世《ときよ》の二人の親王が生まれていた。その母は、文人貴族の代表といわれていた橘広相《たちばなひろみ》の娘義子《よしこ》である。それにたいして、基経はまた狡智な策略をろうしている。世にいう〈阿衡《あこう》の紛議〉である。つまり、宇多帝は光孝にひきつづいて、基経に関白の職を委任しようとするが、〈関白〉という言葉は当時まだなかったので、文人参議の広相に、それに相当する詔勅をつくらせた。そのなかに、〈阿衡《あこう》に任ずる〉という言葉を広相は用いた。だが、阿衡《あこう》は最高の位ではあるが、職を意味するものではないという理由で、基経は出仕を拒否する行動にでた。宇多帝はやむなく、さきの詔勅を撤回し、実質上〈関白〉とおなじ内容の言葉に改め、基経の就任を懇請した。また広相は、その失策によって朝廷から遠ざけられことになった。こうして広相を排除することに成功した基経は、翌年、娘の温子《よしこ》を宇多帝に入内させている。なんとも生臭い、露骨な朝廷操作である。ところが、その温子にはとうとう宇多帝の子は生まれなかった。それが宇多帝の意識的な操作であったことは、八八九年八月の帝の日記に、

「……万機を念うごとに、寝膳安からず。爾来、玉茎不発、ただ老人の如し。……」(『平安王朝』安立道久による)

宇多帝はむろんそういう年齢ではない。二三歳の青年天子である。妃としては、広相《ひろみ》の娘義子《よしこ》のほかに、もうひとり藤原高藤《たかふじ》の娘胤子《たねこ》があり、敦仁《あつぎみ》親王(八八五年生まれ・のちに醍醐天皇)がある。もし温子《よしこ》に男子が生まれれば、基経にとって、かれを皇太子とすることになんのためらいもなかっただろう。宇多帝も、基経が外祖父になることを避けるために、温子《よしこ》に接しなかったのではな

かろうか。そのうち、基経は八九一年、五六歳で亡くなった。藤原北家を繁栄させるための、かれのいろいろな策謀はほごになったかのようにみえた。ところが、息子の時平によって、再び摂関職をとりもどすことになるのだが、それはまたのちほど伝えることにしよう。

敦仁《あつぎみ》親王の母胤子《たねこ》は宇治郡司の娘である。父高藤《たかふじ》は、良房の弟良門《よしかど》の次男で、基経とは従兄弟になるが、良門が若くして死んだために、高藤の位は低かったようである。それにしても、市場役人の娘とか、またその息子が郡司の娘と婚姻を結ぶということは、皇族の家柄としては、かってない庶民的な婚姻である。おそらく、『大鏡』に書かれているように、光孝天皇が貧しい親王の時代からのつきあいであろう。また、宇多帝は即位する以前の臣籍のとき胤子と結ばれたわけだが、その皇子がまた、次代の天皇になるのだから、およそ破天荒な天皇一家であったというほかない。基経亡きあととはいえ、院宮王臣家や高級貴族たちがよく黙認していたものである。もっとも、かれら自身、律令制のいきづまりと、徴税の不振、治安の悪化で、社会不安におびえているという時代背景をふまえて、藤原北家にかわる天皇の親政を期待していたのかもしれない。その要望にこたえるかのように、宇多天皇は国政改革のために菅原道真を側近として抜擢した。

「紀貫之」の項で、なぜ光孝・宇多天皇の話をくわしく話したかというと、貫之の成育にもまた、知られていない暗部があり、それはかの天皇家と低通するものがあるからである。この二つを結びつけたのが、菅原道真である。

貫之の出生ははっきりしないが、いちおう貞観一四年（八七二年）生まれとするのが常識的であろうという目崎徳衛の説にしたがうことにする。出生がはっきりしないところに、貫之の暗部がひそんでいる。父は紀望行《もちゆき》で、官暦はわからないが、位は六位でおわっている。望行の兄有朋《ありとも》は従五位下で、宮内少輔《しょうう》となり、翌年八八〇年に死んでいる。望行が亡くなったのは、それ以前か、その前後ではないかと目崎徳衛は推定しているが、いずれにしても貫之の幼少のころであろう。かれの書いたものには父に関する記述は一つも見あたらない。

問題はむしろ、かれの母にある。目崎氏の憶測にしたがって、述べてみよう。貫之の系図のひとつに、

「童名は内教坊《ないきょうぼう》の阿古久曽《あこくそ》と号す」（『続群書類従』に記載）とある。

内教坊という官司は「女楽・踏歌をつかさどるところ」ということで、宮廷の一角にもうけられて、宮廷の宴会や外来のお客をもてなすところである。そこには多くの「伎女《ぎじょ》（舞伎をする女）」や「倡女《しょうじょ》（あそび女）」がいて、彼女らは房をあたえられて、そこに住み、音曲や舞踊を演じ、また貴族の子女のために、招かれて教えたりもしていた。貫之の童名（阿古久曽《あこくそ》・久曽は幼児の愛称）に「内教坊の……」とあるのは、彼が幼児のころ内教坊にいたことを示唆している。ということは、彼の母は伎女か倡女であり、望行がその女のところに通って生まれ、幼年期を母とともに内教坊で暮らしていたのではないかと推定される（『紀貫之』目崎徳衛による）。ところが、父親の望行が若

くして亡くなったために、紀家にひきとられたのではないかと思われる。おそらく、伯父の有朋がまだ健在のころで、その手配をしたのも彼であろう。その伯父も、貫之が九歳のとき亡くなっている。その後、だれがかれを養ったのか知れないが、おそらく一三・四歳頃から大学寮に入って、紀伝道の勉強―およそ九年間―をしたのではないか、と目崎氏はいっている。かなり経済的に余裕のある家庭で、むろん後年にみられるように、頭脳も明晰だったのだろう。ただ、任官はおそく、延喜元年（九〇一年）三〇歳のとき、「御書所 預《みふみどころのあずかり》」に選ばれている。当時、有力な縁故者がない場合、任官も昇進もかなりむずかしかったようで、この任官に、菅原道真の推薦があったのではないかと予測されるが、この年の一月、道真は太宰権帥に左遷されているので、それはないだろう。だが、八九三年、道真が『新撰万葉集』を撰進したとき、貫之（二二歳）の歌が採用されている。宇多帝と道真との密接な関係から推定して、その後、無任の貫之が宇多帝の歌合の会に参加できるようになったのは、道真の推薦によるほかないだろう。

もっとも、貫之の習作時代はもっと早く、『是貞親王歌合』に一首、『寛平后宮歌合』に一〇首ちかくあり、すでに新人として認められつつあった（目崎徳衛による）。だが、これまでの宮廷のしきたりでは、有力な貴族とのつながりのない無任の若者が、天皇の主催する会に出席することなどありえなかった。それが可能になったということは、さきに見た宇多帝の庶民性と、和歌を一種の低俗なあそびと考えていた寛平期貴族社会の文人気質によるものであろう。貫之自身、六歌仙たちの孤独で内面的な心情を訴える歌よりも、表層的な技巧をこらして、機智にとんだ歌を作ることによって、注目をあびている。かれが屏風歌の第一人者であったことにも、そうした歌風が人気をえていたからである。ここらに、幼児期を内教坊で育った芸能人的な痕跡が見られるような気がしないでもない。

しかし、思いがけなく、勅撰和歌集の撰者に選ばれ、後世に名をのこす偉業をなしとげた。貫之、三四歳のときのことである。なぜ偉業かというと、ひとつは『古今和歌集』の序文において、その後の和歌の教本となる最初の歌論を述べたことであり、いまひとつはその序文で、ひらがなによる、日本語の文章を作成したことである。歌論については、明治三一年（一八九八年）、正岡子規によって「貫之は下手な歌よみにて、古今集はくだらぬ集」であると罵倒されるまで、長いあいだ世人の指導的な歌論であった。その冒頭の一節を紹介しておこう。

和歌《やまとうた》は、人の心を種として、万《よろず》の言の葉とぞなれりける。世の中にある人、事わざしげきものなれば、心に思ふことを、見るもの聞くものにつけて云ひ出せるなり。花に鳴く鶯《うぐいす》、水に棲む蛙《かわず》の声を聞けば、生きとし生けるもの、いづれか歌を詠まざりける。力をも入れずして天地《あめつち》を動かし、目に見えぬ鬼神《おにがみ》をもあわれと思わせ、男女の中をも和らげ、猛《たけ》き武夫《もののふ》の心をも慰むるは歌なり。

この論調は今日でも通用する歌論である。古今集には、たしかに正岡子規によって罵倒される一面はある。しかし、それは子規らによって提唱されることなった写実主義歌論を展開するための生《い》け贄《にえ》であって、貫之の論そのものが間違っているわけではない。これらの歌論は『詩教』（前漢初期・紀元前二世紀）の「大序」、その他『文選』などから修得したものということである。そうしてみると、日本の歌論は千年近くもおくれて出発したということなる。それからさらに千年後（明治後期）に再批判されるという、なんとももどかしい日本文化の後進性がかいまみられる。

それはともかく、この序文には「仮名序」のほかに、漢文で書かれた「真名序《まなじょ》」がある。紀淑望《きのよしもち》が書いたということらしいが、その最後は「臣貫之等謹序」となっている。もしこの真名序が延喜五年（九〇五年）に書かれたとするなら、古今集の編集主任、紀友則が序文の代表者となるのが筋であろう。ところが、友則は九〇七年に亡くなっているので、この序文はその後に書かれたものと思われる。では「臣貫之等謹序」となっているのはなぜか。おそらく淑望《よしもち》が、実際の編集にたずさわった貫之等の立場を考慮して、自主的にみずからの名前を載せなかったのではないかと思われる。それを淑望《よしもち》が書いたものと断定したのは、藤原公任《きんとう》の編纂した『和漢朗詠集』（一〇一一年）や、藤原明衡《あきひら》の編集した『本朝文粋』（一〇六〇年頃）に淑望《よしもち》と明記されているからである。これに対して、「仮名序」には筆者の名前はないが、和文体の仮名で書かれた序文は紀貫之以外には考えられない。

漢字で表記された漢文から、仮名と漢字をまじえながら日本語の文章をつくるということは決して容易なことではない。和風の文章ということになると、当然、日本語の文法にしたがった表現でなければならないからである。たとえば、主語・述語・動詞・助詞・助動詞などの記述の位置関係も、漢文とはまったく違った表記法を要求される。古代中国で、漢字ができて文章が書かれるまで、どれくらいの時間を要したかはわからないが、相当長い時を経過しただろうといわれている。その点、日本では、大和時代に漢字が伝わって、ほぼ百年後に『古事記』ができ、さらに二百年後に、平仮名による日本語の文章が生まれたということは、希有なことといわざるをえない。もっとも日本語の文章といっても、それは漢文訓読語法—漢文と和語との混合体—といわれる文体である。そこにたどりつくまでに、祝詞《のりと》と宣命—即位など重大事の勅命—によって口頭的言語への方向が模索されていたことはたしかである。それが急速に和風化したのは、先にも延べたように平安時代になってからである。

「漢字から仮名へ」のすじ道に、二つの方向が考えられる。一つは、上層知識階級の変革への要求である。かつて大学寮は官人への登竜門《とうりゅうもん》であった。しかし、擬章生《ぎしょうせい》という多くの志願者のなかから試験によって二〇名の文章生を選抜するというきびしい道を通らなければならなかった。したがって、大和朝廷とともに育ってきた五位以上の識字層は、奈良時代のはじめから天平の前半まではおよそ百数十人で、後半から二百人以上となり、称徳朝で三百人をこえ、九世紀の後半からは四百人となったという（土田直鎮《なおずみ》の計算による）。むろん、これでは太政官制を維持することは困難で、六位以下の下級官人となるための学習所が各氏族によってもうけられた。ことに藤原氏は、勧学院《かんがくいん》という官学にかわる教育機関をもうけ、一族の子弟を学ばせ、安易な識字層を太政官の役人におくりこみ、これが平安時代の摂関政治を支える柱となっている。したがって、従来の大学寮をパスした優秀な官人は、藤原家と関わりがないかぎり、ほとんど受領となって、五位以下の不本意な生涯をおわっている。奇妙なことに、その息女たちが平安中期の女流文学の担い手となっているが、それにはこうした時代の風潮に起因する因果関係があったからではなかろうか。たとえば紫式部の場合、父為時は文章生から官人の道にすすみ、花山朝のとき、一時は式部丞・蔵人に補任されるが、花山天皇の退位とともに失職し、ほぼ一〇年間失職ののちに越前守となり、その後受領として各地を歴任している。式部は越前国からひとり帰京し、やはり受領の宣孝《のぶたか》と結婚（二九歳）している。男にもまさる漢学の知識のあった彼女にしてみれば、本意ないことであっただろう。そうした鬱屈した気持ちが、理想的な男性像をえがくという『源氏物語』執筆の真因ではなかっただろうか。それを推察させるものに、『源氏物語』の「少女《おとめ》」の項に、光源氏が親族の反対をしりぞけて、息子の夕霧を大学寮に入学させる説話を書いている。祖母の大宮が異議をとなえたのに対して、光源氏が説得している場面を紹介してみよう。

「今こうして、まだ幼いうちから大人扱いすることもございませんが、考えることもございまして、大学寮に入れてしばらく勉強させたいと存じますので、この二、三年は無駄なように思えましょうが、やがて朝廷にお仕えするようにでもなりましたならば、じきに一人前にもなりましょう。

私は宮中の中で育って、世のなかのこともあまり知らず、一日中桐壺帝のお部屋ですごし、わずかに多少の漢籍などを習っただけでございます。ただ、ありがたいことに、帝ご自身からお教えいただいたのですが、なにぶんにも心のいたらぬ年頃のことですから、文章の道を学ぶにも、また琴や笛のしらべを習うにも、音色が思うようには及ばず、未熟なことが多くございました。

一般に、おろかな親でも、子が親にまさって賢いということは滅多にないことですし、まして代々受け継ぐにしたがって、そのへだたりはますます大きくなるだろうと、その先行きのことなど考えて、夕霧の大学寮への進学を決めたのでございます。

高貴な家の子として、官爵も思いのままとなり、世のなかの栄華におごりたかぶれば、学問などで苦労することはまったく馬鹿らしく思うようになるでしょう。そしてたわぶれ遊ぶことが好きになり、望みどおりの高位高官となれば、時の権勢におもねる人々が、内心では鼻じろんでいながら、おせじを云い、ご機嫌を取ったりするものですから、しぜんひとかどの人物のように思えて、高貴に見えますが、時代がかわり、頼りに思う人にさきだたれ、権勢がおとろえたはてには、世間からは軽んじられ、人々があなどるようになっても、自分自身を支えるものがないことになるでしょう。

やはり学問を身につけておれば、太政官の実務で、世間に用いられるときでも重視されるでしょう。いまのところ、さしあたっては心もとないようでございますが、将来、国の重鎮となるような心のありかたを学んでおけば、私が亡くなったのちも安心だからです。いまははかばかしいこともありませんが、このように私が面倒をみているならば、まさか困窮した大学の学生よといって、あざ笑う人もよもやあろうとは思えませんでしょう」

式部がこれを書いた時代には、学問の権威はさらに低下し、摂関家の栄華が頂点（藤原道長時代）をきわめていた。ただ、彼女の物語の構想は王朝復古の醍醐朝時代（八九七〜九三〇）から得ていたのではないかといわれているから、その時代にはまだ学問が軽視される以前の、上層知識階級が太政官の中枢をしめていたのではないか思われる。その変革を象徴する事件が、菅原道真の太宰権帥への左遷である。かつて文章博士であり、学会の代表者であった道真が、その政治的手腕を買われて、右大臣の地位にまでのぼりつめたにもかかわらず、藤原北家の当主、左大臣時平の陰謀に敗れ、政界から追放された事件は、その後の学問の世界の権威がおとろえていく前兆でもあった。だが、それは摂関政治という政治的な動向だけではなく、漢詩文から和歌への過渡期でもあり、また漢語から平仮名、さらに漢文から仮名文へと移っていく社会的な変遷をものがたるものでもあった。その時代をもっともよく体現しているのが、紀貫之である。八七二年頃生まれ、大学寮の文章生として太政官につとめ、宇多・醍醐朝時代には文化人としてもてはやされたが、結局は土佐守という辺鄙な地方の受領となり、従五位上という貴族のはしくれに位置したことは、大学寮出身者の典型的な道を歩んだことになる。ただ、平仮名で書いた文章の創始者として、今日では当時のだれよりも高く評価されていることは、皮肉な歴史の現実として注目にあたいしよう。それもまた、官人としての出世というよりも、最初は歌合《うたあわせ》の和歌からの出発という変則的な歩みから始まっていることも象徴的である。

一時代まえの六歌仙頃の和歌は、いわば隠遁者の手すさびにすぎなかったが、宇多帝の時代になると、やがて内裏や後宮での宮廷行事となり、漢詩文にかわって貴族たちの知見をひけらかす手段となった。もっとも、歌合のはじまりは、「物合《ものあわせ》」という、珍しい器物や美しい庭の花などを持ちよって競いあい、和歌はそれらの物品に添えるという二義的なものであったらしい。それが歌そのものの優劣を競うようになったのは、『寛平后宮歌合』や『是貞親王歌合』など、宇多天皇の豊かな文才による催しものによってである。また、これまで低級とみられていた和歌を、漢詩文と同等の価値あるものであることを認識させたのは、菅原道真が天皇の勅旨をうけて、和歌を漢詩に翻訳した『新撰万葉集』（八九三年）であった。こうした時代の芽生えにのって登場したのが、新人歌人としての貫之である。しかも、内教坊で育った雰囲気にふさわしい後宮の場で、彼の歌が評価されるようになったことは、同時に、女手《おんなで》といわれる平仮名に漢字と同等の存在感をあたえることになったのではなかろうか。もっとも、それはあくまで遊芸の世界においてだけのことで、太政官の仕事や一般の公的な場で通用するものではなかった。にもかかわらず、勅撰の『古今和歌集』の序文を、紀貫之が平仮名で書いたということは、むしろ無謀とさえいえることであったと思われる。その序文がいつ頃書かれたものか、また真名序よりも後か先かもわからないが、選出の指導的役割をはたした紀友則が亡くなった延喜七年（九〇七年）以後に書かれたものであろう。とすると、宇多法皇はすでに退位して仏道に専心し、朝廷への影響力は失われているので、醍醐天皇か、もしくは時の権力者藤原時平の暗黙の支持が、この仮名序の成立を可能にしたのではないかと考えられる。いずれにしても、「漢字から仮名へ」の一歩前進の役割をはたしたことは間違いないといえる。貫之が『土佐日記』を書いたのは、九三〇年土佐守に着任して、任をおえて帰京（九三四年）し、官職のないまま、無聊をもてあましていた九三七・八年のころではないかといわれている。年齢的には六六・七歳ころで、すでに老年期をむかえ、有力な後援者や親しい知友も亡くなり、老残孤独の時期の手すさびではなかったか。かれが亡くなったのは、九四五年、七四歳であったろうといわれている。もはや平安時代の初期がおわり、政治的にも、文化的にも、新たな変動のときを迎えつつあった。『土佐日記』は次世代への橋渡しとして、『日本語の空間』中編にゆずることにして、この章を終わることにする。

引用・参考文献

「日本人のきた道」　池田次郎　朝日選書614　一九九八年十一月
「モンゴロイドの地球㈠」　赤澤　威　編　東京大学出版会　一九九五年五月
「モンゴロイドの地球㈢」　百々幸雄　編　東京大学出版会　一九九五年七月
「日本語の歴史㈠㈡㈢㈣」　下中邦彦　編　平凡社　昭和三十八年九月〜三十九年七月
「日本の歴史㈠㈡㈢㈣㈤㈥」　寺沢薫　以下五名　講談社　二〇〇〇年十二月〜二〇〇一年五月
「日本語の起源」　大野　晋　岩波書店　昭和三十二年九月
「日本語をさかのぼる」　大野　晋　岩波書店　一九七四年十一月
「古典文法質問箱」　大野　晋　角川書店　平成十年十二月
「日本の古典」　北原保雄　編　大修館書店　一九八六年十一月
「標準語の成立事情」　真田信治　PHP研究所　二〇〇一年九月
「古代日本の文字世界」　平川　南　編　大修館書店　二〇〇〇年四月
「日本語と日本人」　司馬遼太郎　中央公論社　一九八四年八月
「日本人の起源」　中橋孝博　講談社　二〇〇五年二月

「木簡が語る日本の古代」　東野治之　岩波新書　一九八三年五月
「旧石器発掘捏造のすべて」　毎日新聞　旧石器遺跡取材班　毎日新聞社　二〇〇二年九月
「本居宣長」　小林秀雄　新潮社　昭和五十二年十月
「日本語はいかにつくられたか?」　小池清治　筑摩書房　一九九五年六月
「日本語の成立」　安本美典　講談社　昭和五十三年五月
「日本語案内」　中村　明　筑摩書房　二〇〇〇年十二月
「日本語の変遷」　山口明穂　編　放送大学教育振興会　一九九七年三月
「国文学入門」　堀信夫・野山嘉正　放送大学教育振興会　二〇〇〇年三月
「日本語の歴史
　シンポジウム日本語①」　松村明　以下四名編著　学生社　昭和五十年十月
「漢字と日本人」　高島俊男　文芸春秋社　平成十三年十月
「文学㈥　表現の方法」　岩波講座　編　岩波書店　一九七六年七月
「日本の文学とことば」　麻原美子　編　東京堂出版　一九九八年三月
「閉された言語・日本語の世界」　鈴木孝夫　新潮社　昭和五十年三月
「世界のことば」　朝日ジャーナル　編　朝日新聞社　一九九一年十月
「日本語はなかった」　渡辺光敏　三一書房　一九九六年一月
「東と西の語る日本の歴史」　網野善彦　講談社　一九九八年九月

「萬葉集」　鶴　久・森山隆　編　おうふう　昭和四十七年四月
「古代和歌の世界」　鈴木日出男　筑摩書房　一九九九年三月
「万葉集」　木俣　修　日本放送出版教会　昭和四十一年十二月
「万葉時代の日本人」　中西　進　潮出版社　一九九八年十一月
「古事記」　神野志隆光　日本放送出版教会　一九九五年九月
「古事記への旅」　萩原浅男　日本放送出版教会　一九七八年七月
「紀貫之」　大岡　信　筑摩書房　昭和四十九年九月
「紀貫之」　藤岡忠美　講談社　二〇〇五年八月
「伊勢物語」　大津有一校注　岩波文庫　一九六四年十二月

初出掲載誌

一、日本語の空間㈠　わたしの日本語――日本語への変身　安芸文学六八号（平成十三年三月）
二、日本語の空間㈡　大和政権と古事記撰録　安芸文学六九号（平成十三年十二月）
三、日本語の空間㈢　日本書紀の世界　安芸文学七一号（平成十五年八月）
四、日本語の空間㈣　万葉集への道　安芸文学七二号（平成十六年九月）
五、日本語の空間㈤　平安時代初期　安芸文学七四号（平成十八年六月）

著者略歴
文沢　隆一（ふみさわ　りゅういち）

本名　増本勲一　1928年広島県生まれ
1957年　東京大学哲学科卒。
1963年『群像』新人賞受賞。
1960年より『安芸文学』同人。

著作
1965年『この世界の片隅で』共著
1969年『ヒロシマの証言』共著
1970年『〈八月六日〉を描く』共著
1970年『原爆被災資料総目録』第二集　編
1972年『原爆被災資料総目録』第三集　編著
1974年『ヒロシマを語る十冊の本』
1992年『鷗外をめぐる女たち』
1996年『ヒロシマの歩んだ道』

日本語の空間（上）
——日本人はどこから来たのか？——

平成19年2月1日　発行

著　者　文沢　隆一
発行所　株式会社　溪水社
広島市中区小町1－4（〒730-0041）
電話（082）246－7909
FAX（082）246－7876
E-mail：info@keisui.co.jp

ISBN978-4-87440-961-9 C0081